U0814849

世事纷扰而艺术永存
延续着财富传奇
冯玮瑜

时间的玫瑰

ROSE OF TIME

冯玮瑜 ◎著

引领财富自由之路

SPM 南方传媒
广东人民出版社
·广州·

图书在版编目（CIP）数据

时间的玫瑰：引领财富自由之路 / 冯玮瑜著 . —广州：广东人民出版社，2023. 4
ISBN 978-7-218-16330-7

Ⅰ. ①时⋯ Ⅱ. ①冯⋯ Ⅲ. ①瓷器（考古）—收藏—中国—宋代—通俗读物 ②瓷器（考古）—收藏—中国—明清时代—通俗读物 Ⅳ. ①G262.4-49

中国版本图书馆CIP数据核字（2022）第243856号

Shijian de Meigui : Yinling Caifu Ziyou zhi Lu
时间的玫瑰：引领财富自由之路

冯玮瑜 著

版权所有 翻印必究

出 版 人：肖风华

策　　划：中资海派
执行策划：黄　河　桂　林
责任编辑：钱飞遥
特约编辑：郳　平
版式设计：吴　颖
封面设计：东合社・安宁

出版发行：广东人民出版社
地　　址：广州市越秀区大沙头四马路10号（邮政编码：510199）
电　　话：（020）85716809（总编室）
传　　真：（020）83289585
网　　址：http : //www.gdpph.com
印　　刷：深圳市彩美印刷有限公司
开　　本：787mm × 1092mm　1/16
印　　张：18　**字　数：**200千
版　　次：2023年4月第1版
印　　次：2023年4月第1次印刷
定　　价：128.00元

如发现印装质量问题，影响阅读，请与出版社（020-87712513）联系调换。
售书热线：（020）87717307

权威推荐

时间的玫瑰

吕成龙　故宫博物院器物部主任、故宫研究院陶瓷研究所所长

这是一本讲述收藏故事的好书，里面既有玮瑜的切身感受，又有她的心路历程，更有她与当今收藏界名流交往的趣事。一切是那么的真实，正如我所认识的玮瑜一样。

秦大树　北京大学考古文博学院教授

“冯玮瑜亲历收藏系列”丛书表达了她收藏中的心路历程与审慎思索以及绵绵不绝的情感。笔意优美细腻，不流于枯燥说教，是现今逐利熙熙的收藏大潮中的一股清流。

江建新　景德镇市陶瓷考古研究所所长

“冯玮瑜亲历收藏系列”丛书里有荡气回肠的故事，有翔实的鉴赏知识，有新颖丰富的理论，有亲历拍场的实践，书本知识涵盖面广，内容亦丰富多彩，是正确收藏之路的引路书。

万　捷　全国政协委员、雅昌文化（集团）有限公司董事长

冯玮瑜是雅昌艺术网的专栏作家，每次发表文章都能够吸引大量读者。她用亲身经历来解读收藏与理财，所写的故事纵横收藏、理财、历史、文化，引人入胜，给人启迪。

吴　欢　全国政协委员、中国文物保护基金会首席专家

冯玮瑜把自己的收藏故事与读者分享，让我们了解到艺术界、收藏界有那么多趣事，让我们如身临其境般窥见精彩无比的收藏世界，也看到一个成功的收藏家是如何进行收藏的。成功非侥幸，不是光有钱就能成为收藏家，玮瑜在收藏领域所获得的成功，与她的眼界、决断和细心是分不开的。

李明华　广东省文化学会会长

高端美妙的收藏精品，行云流水的优雅文字，只有在冯玮瑜的书里才有如此完美的结合。收藏是一种生活艺术，正如玮瑜所说："收藏，打开了我们生活的一扇门。"其实，文化就是我们的生活方式，玮瑜饶有趣味的著作给了我们一个明证。

郑　磊
萨摩耶云科技集团首席经济学家、畅销书《区块链＋时代》作者

"冯玮瑜亲历收藏系列"丛书中向我们分享了能够在收藏市场长期保持超高胜率的秘诀——以投资者的视角思索收藏，以收藏人的眼光分析投资。

王　刚　国家一级演员、表演艺术家、著名节目主持人、著名收藏家

“冯玮瑜亲历收藏系列”丛书，以“电影剧本”的写法，生动记录了每件瓷器的前世今生，也诠释了收藏、理财与文化的共生之道。

张铁林　著名电视电影人、暨南大学艺术学院院长

冯玮瑜用“官窑”架构了一个与读者探讨中华文明的桥梁，用心地回溯了中国瓷文化的血脉，在中国人文尊严的花朵上浇了一瓢甘泉。

徐景权　深圳市前海金融创新促进会秘书长

冯玮瑜以细腻真实的文笔再现了她与10件藏品相知相爱的心路历程。在收藏历程中，她不仅与众多业内顶尖人士共赏藏品，同时也向广大读者传授收藏鉴赏知识。

徐家荣　《理财》杂志社社长、总编辑

阅读“冯玮瑜亲历收藏系列”丛书，就像和冯玮瑜以及业内诸多顶尖大师围坐一起，进行一次愉快轻松的聊天。感受美，同时发现收藏的理财功能，这是一次非常成功的跨界。

叶建强　深圳国际文化产业博览交易会有限公司副董事长、总经理

冯玮瑜的艺术品收藏故事已经家喻户晓。这些年来，玮瑜一直致力于艺术品研究，并投入大量时间、精力和财富进行艺术品收藏，她的经验与心得

建立在大量的学习研究和亲身实践的基础之上，她所做的探究和分享，彰显了专业精神，对于推动新一轮艺术收藏热潮，一定能发挥其积极的作用。

赵克锋博士　上海财经大学国际银行金融学院、巴黎商学院教授

收藏、股市、房产等领域有一个相通之处——价值发现与传递。不同的是，它们有不一样的价值传递介质。“冯玮瑜亲历收藏系列”丛书讲述了冯老师数年来在瓷器领域的探索、发现与心得。如果你希望了解收藏市场，把收藏打造成为一种理财工具，那么，这是一本有趣、有用的必读书。

毛丹平
“Fortune & You，财富智慧你的魅力与幸福”课程创办者、高端理财畅销书《金钱与命运》作者

冯玮瑜是 BBC 录制《你所不知道的中国》（第三季）纪录片时，邀请的第一位中国大陆收藏家。本书文字雅致婉转，作者把自己的亲身收藏经历娓娓道来，阅读时可以学到许多理财和收藏专业知识。

许戈辉　凤凰卫视著名主持人

每一个人天生都是收藏家，都有一双善于发现价值的眼睛。如何擦亮你的发现之眼，探寻生活中的艺术与价值，正是“冯玮瑜亲历收藏系列”丛书要解答的主旨。

作者简介

◎广州市当代艺术研究院理事长

◎暨南大学客座研究员

◎广东文艺职业学院客座教授

◎著名收藏团体佳趣雅集首任会长

冯玮瑜，作家、艺术家、收藏家、著名学者。冯玮瑜作为一位生长于岭南的艺术家，除了著书立说、举办展览讲座外，还多次前往各个古代著名窑址调研、考察，对各古窑的现状、传承、发展等方面都非常了解。

她还曾多次去往境外参观各类当代艺术展览，与艺术名家交流创作理念和心得，融会贯通，形成了独特的艺术风格。创作推出了“瑜窑”“星垂大漠”“现代纪”等当代陶瓷系列，从现代审美观念出发，跨越区域，跨越传统，跨越创作门类界限，在传统艺术中引入新观念，从理论到实践，推陈出新。

作家冯玮瑜

◎ 2014 年，《自得堂藏陶》岭南美术出版社

◎ 2015 年，《原作掇英》中国嘉德国际拍卖有限公司

◎ 2017 年，《你所不知道的中国收藏》广东人民出版社

◎ 2018 年，《藏富密码》广东人民出版社

◎ 2020 年，《五色祥云：自得堂藏宋元明清单色釉瓷器》岭南美术出版社

◎ 2022 年，《御案存珍：竹月堂、明成馆、自得堂藏清初三代御窑单色釉文房瓷器展览》三联书店（香港）有限公司

◎ 2023 年，《黄承天德：明清御窑黄釉瓷器出土与传世对比珍品展》文物出版社

艺术家冯玮瑜

为传承与发展国家级非物质文化遗产和中国传统制陶技艺，冯玮瑜通过跨窑口调研，实地走访石湾、宝丰、禹州、汝州、神垕、许昌、宜兴、景德镇、龙泉等城市，访谈国内相关领域的专家，从各窑口的历史、风格特征、技术改革、材料和技艺的具体情况，到相关产业的运营模式和未来的发展理念，搜集了众多专业信息。

近年来，冯玮瑜致力于陶瓷艺术的创作和研究，烧制出一系列艺术品。她以传统手法，成功复烧御窑，创作出“瑜窑”系列。又独辟蹊径，以当代思维和艺术手法，创作出“星垂大漠”“现代纪”当代陶瓷系列。

收藏家冯玮瑜

冯玮瑜作为国内知名收藏家，被国内多家机构邀请举办个人藏品展览：

◎ 广东省博物馆“自得堂藏陶”展览

2014 年 1 月，在广东省博物馆举办“自得堂藏陶”展览，为广东省博物馆首个石湾陶塑个人收藏展览；

◎ 中国嘉德“自得堂藏陶——原作掇英”展览

2015 年 9 月，中国嘉德在北京举办冯玮瑜收藏的石湾陶塑“自得堂藏陶——原作掇英”展览；

◎ 中国嘉德“皇家气象——明清御窑黄釉器特展”

2016 年 5 月，中国嘉德在北京举办“皇家气象——明清御窑黄釉器特展”，这是中国大陆私人藏家首次序列化、系统化收藏和展出明清御窑黄釉瓷器，在国内外收藏界引起巨大轰动；

◎ 景德镇中国陶瓷博物馆“黄承天德——明清御窑黄釉瓷器珍品展”

2017 年 10 月，应景德镇市人民政府邀请，在景德镇中国陶瓷博物馆举办“黄承天德——明清御窑黄釉瓷器珍品展”，该展览是明清御窑传世品和考古发掘品的对比展览，具有重要的学术意义，赢得了文博界和收藏界的极大关注与好评；

◎ 广东省博物馆“五色祥云——自得堂藏宋元明清单色釉瓷器特展”

2018 年 7 月，在广东省博物馆举办“五色祥云——自得堂藏宋元明清单色釉瓷器特展”。此次展览是广东省博物馆首次为私人藏家举办的单色釉瓷器展览，新华社、广东广播电视台、广州广播电视台、新快报、羊城晚报、广州日报、雅昌艺术网等多家媒体参与了跟踪报道，引起巨大的社会反响；

◎ 首都博物馆“黄釉瓷的前世今生”展览

2021 年 5 月，在北京参加首都博物馆“黄釉瓷的前世今生”展览；

◎ 中国嘉德（香港）“御案存珍——竹月堂、明成馆、自得堂藏清初三代御窑单色釉文房瓷器展览”

2022 年 10 月，中国嘉德（香港）“御案存珍——竹月堂、明成馆、自得堂藏清初三代御窑单色釉文房瓷器展览”是全球首个成体系以景德镇御窑厂所制单色釉官窑文房器物为主题的展览。

学者冯玮瑜

◎ 暨南大学客座研究员，文化创意与文化产业高级研修班授课讲师；广东文艺职业学院客座教授；

◎ 应各方机构邀请，讲授了超过 300 场文化、艺术、财经讲座，足迹遍及全国；

◎ 热播节目嘉宾：广东珠江台《藏家话收藏》、《文化珠江》、深圳电台先锋 898《文化星空》、微博艺术《这就是中国风》、FM105.7 南粤之声《读书合伙人》等；

◎ 雅昌艺术网、羊城晚报、收藏 / 拍卖、北京晚报、东南收藏、抱朴财经等媒体的专栏作家；

◎ 被京东非遗聘请为御窑守艺人、京东非遗北京地区非遗课程授课专家。

荧幕上的冯玮瑜

冯玮瑜被国外电视台跟踪拍摄纪录片：

◎ 2017 年英国广播公司（BBC）与江苏卫视合作的纪录片《你所不知道的中国》（第三季）主角之一；

◎ 2022 年播出的日本 NHK 电视台纪录片《清朝秘宝——100 年的变迁》主角之一。

冯玮瑜创作的艺术品参加以下展览：

◎ 2018、2019 年工美港国际数字创新中心：广东省促进经济发展专项资金项目成果展；

◎ 2020 年首届广东省现代家居工艺美术文化创新设计大赛；

◎ 2020 年广州保利世贸博览馆：第 20 届广州设计周——“星垂大漠”当代陶瓷系列展；

◎ 2020 年璞睿生活艺术馆：“冯玮瑜生活艺术展——宸赏”；

◎ 2021 年国家对外文化贸易基地（北京）：亚洲艺术周“传宋”展览；

◎ 2021 年北京首都博物馆：“黄釉瓷的前世今生”展览及讲座；

◎ 2021 年深圳国际会展中心：第十七届深圳文博会——“星垂大漠”当代陶瓷系列展；

◎ 2021 年中国进出口商品交易会：广州文化产业交易会“俯仰宇宙，藏爱于心”展；

◎ 2022 年上海 K11 购物艺术中心：“东方符号”艺术展

◎ 2022 年深圳宝安图书馆：“燕闲清赏 见圳瓷心”展览

推荐序一

但愿人长久

景德镇市陶瓷考古研究所所长 江建新

玮瑜，人如其名，美若婵娟，敏慧干练。

她工作认真，好像每一分钟都在不知疲倦地忙着。她待人诚恳亲和，对师长尊敬有加，对朋友侠义为怀，每一个跟她交往过的人，都觉得“与周公瑾交，若饮醇醪，不觉自醉”。

改革开放以后社会急速发展，中国已成为世界第二大经济体，国家富强，物阜民丰，前所未见。今日之中国，远超秦汉，治隆唐宋，富越明清。“仓廪实而知礼节，衣食足而知荣辱”，欣逢盛世，收藏随之走进我们的生活。

玮瑜是近年来在中国古陶瓷收藏界令人瞩目的成功女性，她的单色釉收藏，特别是明清御窑黄釉系列收藏独出机杼，立意新，起点高，影响大。藏界诸君每每谈起，无不称赞。

玮瑜以自己的亲身经历，以收藏家的眼光角度，以女性的细腻情感，以作家的诗意文笔，洋洋洒洒，娓娓而谈，为我们描述了一个个生动有趣而又真实感人的收藏故事，令人过目不忘。

同时，玮瑜在书中以亲历者的身份，将自己在收藏过程中的认知和掌握的知识毫无保留地与大家分享，这样的胸襟气度，何止巾帼不让须眉！这对中国广大古陶瓷爱好者和收藏者来说，是一种福音。

“冯玮瑜亲历收藏系列”丛书里有荡气回肠的故事，有翔实的鉴赏知识，有新颖丰富的理论，有亲历拍场的实践，书本知识涵盖面广，内容亦丰富多彩，是正确收藏之路的引路书，也是中国古陶瓷收藏的入门工具书之一。

玮瑜不是枯燥古板的说教者，而是与时俱进的新一代收藏家，特别是她提出了“收藏理财”的概念，让人耳目一新。不说其他，仅仅是她做“收藏理财燃灯人”的胸襟，已让人们敬佩和折服。

在大众拼命追逐财富，纷纷寻找致富秘籍的时代，一个年轻女性敢于挺身而出，燃亮火把引领大家走一条她走过的成功之路。她的身体力行，乐于分享，让我们看到了无私、圣洁的光辉。

听其言，观其行，玮瑜为推动收藏文化发展，可谓不辞劳苦，费心费力，希望她能不负一片初心，也希望她燃起的火把，能点亮人们心中对中华传统文化的热爱。希望更多的人能够通过阅读“冯玮瑜亲历收藏系列”丛书，走上正确的收藏道路。

但愿人长久，明月不负婵娟。

推荐序二

寓意于物，随缘而成

life+ 生活方式研究院院长 费勇

北宋画家王诜建了一座宝绘堂，放置自己收藏的文物，好友苏东坡为他写了一篇记文。这篇记文就是《宝绘堂记》。

苏东坡在文章中讲述了自己年少时，喜欢收藏书画，家中收藏的，唯恐失去，别人拥有的，唯恐人家不给自己。

随着时间的流逝，他忽有所悟，开始明白，轻视富贵而厚爱书法，轻视性命而厚爱绘画，这不是本末倒置吗？这不是迷失了本性吗？从此不再沉溺收藏。见到喜欢的作品，虽然偶尔还会收藏一些，但如果被别人拿走了，也无所谓。

苏东坡还打了个比方，“譬之烟云之过眼，百鸟之感耳，岂不欣然接之？然去不复念也。”意思是，见到美丽的烟云，从眼前闪过，听到悦耳的鸟鸣从耳边掠过，当然要愉快地接受这一切。但当一切都消失后，也无需再留恋。“于是乎二物者常为吾乐而不能为吾病。”这样一来，书画二物，就常常带给我快乐而不会成为祸害。

苏东坡在文章里引用了老子的话：“五色令人目盲，五音令人耳聋，五味令人口爽，驰骋田猎令人心狂。”但苏东坡又进一步发挥说，圣人这样说，并不是要废弃这四件事，而是提醒我们不要沉溺，提醒我们对于喜欢的事物要抱着欣赏的态度。然后，他举了几个名人的例子，比如刘备这样一个英雄豪杰，却喜欢编织草鞋；嵇康作为一个天才却喜欢打铁；阮孚那样狂放，却喜欢给人补鞋。这些爱好里，并没有美味美色，但他们很喜欢做这些事，做一辈子也不会厌倦。

苏东坡在《宝绘堂记》中主要表达了一个观点："君子可以寓意于物，而不可以留意于物。""寓意于物"即寄情于物，"留意于物"即是沉溺于物。寓意于物，那么，再微小的东西，也会给人快乐，再美的东西，也不会上瘾；留意于物，那么，再小的东西也会使人丧志，即使是再美的东西，也不会带来真正的快乐。

我对于收藏，虽然是外行，却有一种美好的感受。这几年来，每每看到玮瑜的成绩，都会为她感到高兴。我对于商业，更加是外行，但我深感金钱的重要，所以，每每看到玮瑜探索收藏与理财，都觉得深有启发。也因为是外行，所以，只好借苏东坡的一篇文章，算是共勉，祝愿玮瑜在艺术与商业之间，不断探索新的路径，更重要的是，希望玮瑜在这个过程中，越来越自在喜悦。

自　序

时间的玫瑰

冯玮瑜

潮起潮落，风云激荡的艺术品市场每年都在谱写传奇，我所见所历只是其中一二，记载在本书中几个小故事只是几朵浪花。

大江奔流，浪潮汹涌，过去的十年是激越的十年，人们可以一夜暴富，也可以瞬间湮灭。在这个时代，你甚至可以感受到人们的每一个毛孔都散发出对金钱的渴求气息。

其实，财富的幻灭一直在上演。资金放在银行跑不过通胀，股票市场波动太大，韭菜被割一茬又一茬，房价在涨了数倍后开始回落，楼市转眼间由黄金十年进入黑铁时代，而哀鸿遍野的 P2P 还在不停地爆雷，直接将韭菜连根拔起，辛苦打拼积累的财富正在缩水或被一夜归零……

改革开放四十多年，中国人已积累了一定的财富，人们开始思考如何保住自己的财富并传承下去。创富的过程和认知决定了一个人的思维定式，并影响之后的决策和行动。

在飞速奔流的时代，人们深知一不小心就会被抛弃，只有不断赶路，才能竭力保住财富。面对日新月异的当下，如何攥紧财富，不被别人割韭菜，又如何保值增值，并传承给下一代?

中国人的财富传承观念已经深入骨髓，不管是亿万富翁还是仅仅只有一套住房的人，都面临着财富传承的焦虑。

如何做好财富传承？只有经得起时间考验的，颠扑不破的才是正确方法。古今中外，无数的例子证明，艺术品是资产配置的一个重要手段，也是财富传承的一个良好方式。

股市和楼市的风险，是个人无法去控制的，而艺术品的风险是可以自己去控制的。

将金融、艺术、时尚融汇到一起，在投资的同时体验艺术、享受艺术。优秀的艺术品是文化的熏陶剂，也是财富传世的标志物。

留在我们心中的美好，莫过于艺术；能保持长久价值的事物，艺术品必是其中之一。

时间在流逝，风口在切换，而艺术品大多时间愈久，价值愈高。

最高明的投资，不在于短期的高回报，而是在于时间带来的复利。

目录 Contents

01

第1章 福禄长在人长久

一尊“玫茵堂”旧藏清康熙乌金釉葫芦瓶入藏记

火中热烈盛放的玫瑰，

生来璀璨，不凋不败，

历经千年万年仍能感受到温度，

预示着壮丽而不朽的事物

将会接踵而来。

藏品名称	清康熙乌金釉葫芦瓶	著录	康蕊君《玫茵堂中国陶瓷》卷二，伦敦，1994 年至 2010 年，编号 811 《五色祥云——自得堂藏宋元明清单色釉瓷器》第 196 页，广东省博物馆，2021 年
年代	清康熙	展览	蒙地卡罗“进化到完美——玫茵堂中国陶瓷”1996 年，编号 137 广东省博物馆“五色祥云——自得堂藏宋元明清单色釉瓷器特展”
尺寸	高度 44 厘米		
来源	伯纳德夫妇旧藏 玫茵堂旧藏 北京保利“玫映如茵”专场 2017 年 12 月 18 日，编号 5018		

冯玮瑜藏瓷精选

此葫芦瓶是传世极少见的素面乌金釉品种，通体施乌金釉，釉质细腻，色黑如漆，净亮如镜，体型如此之硕大、造型如此之优美、发色如此之乌亮，集“真、精、稀”于一身。它历尽岁月峥嵘，仍光影流转，如渊渟岳峙，气度迫人。今它跨越山川湖海，与我不期而遇。

文采斐然的保利香港拍卖有限公司古董珍玩部总经理李移舟（右）与冯玮瑜合影

“我叫李移舟。”

我扭过头，只见一个青年人推门进来，微笑着伸出手来。

“李移舟”，闻名久矣，今此初见，这是2017年保利香港春拍预展期间，我坐在保利预展场内的贵宾室里专心看拍品时，他推门进来，做的自我介绍。

我连忙站起来，握手问好。李移舟兼任保利香港拍卖公司古董珍玩部总经理，近年来保利拍卖古董器物异军突起，大放异彩，李移舟功不可没。

虽是初次相见，但收藏瓷器的圈子内，李移舟大名鼎鼎。

名声很大，竟是年青如斯，可见年少有为，绝非虚妄。

成功固有赖于保利公司经营策略，但不可否认李总带领整个团体的努力。

我这些年持续不断地买入藏品，各家拍卖公司的员工认识不少，当然也认识不少保利的员工，包括当时保利拍卖的领头人赵旭先生，但跟李移舟总是缘悭一面。

最初认识的是时任保利拍卖中国近现代书画部主管的乔亚宁，他也是个年轻人。初认识他时他还没结婚，也没有现在这么胖，他来广州征集拍品，我们常一起相聚喝酒。

保利香港首拍、保利厦门首拍，我都去竞拍得了几件拍品，但只是一百多二百来万的拍品，不是什么大价货，只是捧仇猋之个场，想必他们也不会留什么印象。

时任保利拍卖中国近现代书画部主管乔亚宁（左）与冯玮瑜合影

认识虽久，交往虽多，但我这些年在保利竞得的拍品却是寥寥，乔亚宁就在朋友圈到处“放毒”，说冯玮瑜是“深绿”的（意指我只在嘉德竞买拍品，不到保利竞买拍品），笑称我是嘉德的代言人。

说实在话，我一向欣赏嘉德实实在在的风格，也喜欢在嘉德竞买拍品，这是一种老朋友的感情，但这并不妨碍我同时也在苏富比、佳士得以及国内其他知名拍卖行竞买拍品，当然也包括保利拍卖。我跟乔亚宁也是多年朋友，非常熟络，乔亚宁的“放毒”言论就是老朋友之间的玩笑，我一笑置之，跟他依然是很好的朋友。乔亚宁还嘴碎，每当我跟保利的朋友喝酒时，乔亚宁常会给他朋友悄悄地发信息：“喝酒要当心旁边这个广东女人。”本来“剧饮千杯男儿事”，大家捋袖喝酒，好不快活，他的信息一到，他们心领神会，立即扭扭捏捏，斯文起来，没有那种拚却千杯图一醉的爽快劲了。

在乔亚宁散播的“毒气”弥漫的时候，古董珍玩部的李移舟总经理在拍卖前总会悄悄地给我发来微信：“我已在四季酒店帮你安排好房间了，欢迎你来。”每次我都谢谢他，但重点还是放在嘉德。这一两年，保利古董珍玩异军突起，几场的“玫茵堂旧藏”专场给瓷器收藏界带来极大的震撼，真让人刮目相看。“玫茵堂旧藏”——那么响亮的名头，作为瓷器收藏爱好者，没人能拒绝“玫茵堂旧藏”诱惑，李总的盛意拳拳，“玫茵堂”的诱惑，我终究在保利的几场玫茵堂旧藏专场里，有选择地入藏了一些心仪的器物。

2017 年秋拍，“瑰映如茵——‘玫茵堂’暨欧美名藏盛清五朝御窑隽品”专场推出，李总一篇《瑞士一道门，北平一条街》，在古董器物收藏圈刷屏，赞声一片。

2017 年秋拍，“佞宋——宋元巷陌间的‘色、声、香、味、触’”专场推出，李总又一篇《马蹄秋水，虎尾春冰》，在圈内传诵一时。

2018年春拍，“景元——亚历山大瓶与元青花诸器名藏”专场推出，李总再一篇《你去兀那砖塔儿胡同门前来寻我——在大都坊巷梦寻大元》，让大家击节称赏。

2018年秋拍，“乾坤掷——古今东西间的乾隆宫廷艺术幻境”专场，李总又一篇《火练秋金 龟隐去来——十八世纪乾隆宫廷艺术里的幻与真》，让圈内行家们都说读后长知识了。

这一篇篇考据翔实的文章，让人们看到更多的是学术、来源的探究，而不仅是拍品的推文，在追寻学术的研究中不着痕迹地吸引你去关注拍品，摒除商业味道的商业，真是高手！光是看文章的标题，就知道李总文采斐然，寻常看不见，偶尔露峥嵘，真是大隐于圈中的才子，怪不得人们所说的京城古董圈四大才子里，李总榜上有名。

我跟个别拍卖公司的老总也探讨过拍品推文这个问题，他们都说：“每一场拍卖，几百、几千件拍品，由征集、做图录、巡展、招商、拍卖等，一堆又一堆的工作，忙都忙不过来，哪还有时间写文章呢？”难道李总这些文章是别人代笔的？一定不是！因为这些文章有许多李总个人的见闻、感受，别人是写不出来的——这是我和其他人的共同看法。

同样面对繁忙的拍卖工作，而且李总还要兼顾保利香港拍卖的事情，偏偏他能挤出时间写出不一般的文章，实在令人佩服。保利拍卖中国古董珍玩部翟昊天高级业务经理就多次对我说：“我就服李总！”

保利拍卖名动天下，身处于拍卖公司这个最商业的位置，李移舟在公众场合却鲜见身影。连保利公司内部也评价他太低调了，微信朋友圈中从不见他有片言只语，连个点赞都欠奉，仿佛不存在，但当你私信与他联系，他却古道热肠，热心助人。

玫茵堂藏瓷在古董收藏界可谓无人不知、无人不晓，香港苏富比自2011年至2013年连续举办了四场“玫茵堂专场拍卖”，轰动海内外，玫茵堂的藏品经仇焱之、埃斯肯纳齐（Eskenazi）等顶级专家掌眼入藏，等级之高，品种之齐全，当今无人能及。

经过苏富比四场拍卖后，人们以为“玫茵堂藏瓷”的精品散佚已尽，哪知保利再连续推出两个专场，其后每次拍卖时再分别上拍一批玫茵堂旧藏，2018年秋拍又推出“‘玫茵堂’专场3”，源源不绝的，“玫茵堂藏瓷”竟是如此丰富，让人叹为观止。原来保利拍卖把苏富比拍卖之后的玫茵堂旧藏全部包揽下来，分批分次上拍，这等眼光，这等魄力，这等财力，实在让人佩服。李总那一篇《瑞士一道门，北平一条街》，就是说他到玫茵堂的感受，写得真切动人。

人生若只如初见，虽微信联系多时，我们却在香港才初次相见，李总青年才俊，却显得有点腼腆，语言也不多，但他可执掌保利古董器物部门这一大摊子业务并做得风生水起。“君子讷于言而敏于行”，他正好是注解。

玫茵堂的名号是响彻瓷器收藏界，预展里见到的藏品又是如此炫人眼目，“瑰映如茵——‘玫茵堂’暨欧美名藏盛清五朝御窑隽品”专场在2017年12月18日开场了，精品迭出，定价却不高，让很多人满怀希望而来，拍场里挤得水泄不通。谁都知道，拍场上什么事情都会发生的，不就有人拍卖时刚好接个电话，或走出去如厕，回来东西已拍过了，而且价格远远未达到自己的底价，那懊悔得当场捶胸顿足的样子，让竞得者掩嘴偷笑，让旁人为之扼腕叹息。这样的场景时有发生。但是，这个众所触目的“玫茵堂专场”，怎会有“漏”？那些怀揣着“捡漏”希望的人终于失望了。定价偏低是一种商业策划，当不得真。意外是会有发生，但绝不会在“玫茵堂”这种级别的专场里。精品善价，概不例外。

这个专场里我看中好几件，但有一件是一定要确保拿到手的，那是一件器型硕大的康熙乌金釉葫芦瓶。

什么是乌金釉？乌金釉是清康熙年间著名的高温单色釉，因为釉料主要取自景德镇附近所产的乌金土而得名，它是一种光亮如黑漆般的纯正黑色釉。

乌金釉是在黑建、黑定的基础上发展起来的，但又与建窑、定窑等窑口产品的釉面失透现象迥然不同。普通黑釉是以含铁量很高的制釉原料烧制的高温釉种，但由于取材粗杂、烧造呈色不稳，故很难达到色泽一致的理想效果，与景德镇御窑所产有天壤之别。

玮瑜说瓷

黑建：指宋代福建建阳窑系生产的黑瓷，主要产品是茶盏，建窑黑釉茶盏亦称为建盏，闻名于世。由于宋代斗茶风尚盛行，而黑釉茶盏适宜为斗茶使用，北宋后期曾为宫廷烧制。可参阅“冯玮瑜亲历收藏系列”之《你所不知道的中国收藏》。

玮瑜说瓷

黑定：是北宋定窑系瓷器中不多见的一个品种。黑定与白定一样，均是白胎，只不过是在白胎上施黑釉。定窑瓷器以白瓷著称，黑釉的定窑瓷器较为少见，明代的《格古要论》：“有紫定色紫，有黑定色黑如漆，土具白，其价高于白定。”

乌金釉之所以被称为一种特殊的、名贵的单色釉，是因为它属于高级的高温合成颜色釉，以三氧化二铁为呈色剂，并掺入一定量的锰和钴的氧化物，在高温还原焰中烧成。此种釉色的御窑烧制始见于明代洪武年间（详见江建新著《明洪武官窑研究——以御窑厂遗址出土遗物为中心》第 106 页至 109 页，图 198 ～图 201），而以清代康熙朝所制最负盛名，烧成后黑亮如漆，色泽均匀，光洁莹润，是黑釉中最为莹亮的釉色。

《明洪武官窑研究——以御窑厂遗址出土遗物为中心》

景德镇市陶瓷考古研究所所长江建新潜心著作

乌金釉在清代康熙时期质量达到鼎盛，成为高档瓷器的名贵品种。比之其他普通单色釉瓷，乌金釉产品的产量与传世数量都更为稀少。乌金釉制品烧造难度很大，加之釉色烧成不稳定，在清代就属名器，价值非凡。此后雍乾时期沿袭烧造，清雍正十三年（1735 年），唐英在其所著《陶成纪事碑记》中提到："新制仿乌金釉，黑地白花、黑地描金二种"。《中国陶瓷》载："清康熙时期生产一种名为乌金釉的黑釉瓷，这种黑釉瓷是历代黑釉瓷器中水平最高的一种，制作讲究，釉面发出如镜面一样的光亮，极为富丽华贵。传世的乌金釉瓷有素面和黑色描金两种，数量极少。”

玮瑜说瓷

黑地描金：是瓷器彩绘的一种装饰方法，在器身以黑色作为底色，用金粉描画出金色的花纹图案，形成黑金相衬、对比强烈的艺术效果。

这只玫茵堂旧藏葫芦瓶正是传世极少见的素面乌金釉品种，通体施乌金釉，釉质细腻，色黑如漆，光润透亮，净亮如镜，而且体形硕大，高达44厘米。这么一个大家伙，当我隔着展场的玻璃柜看见时，心中已暗吃一惊：从没见过素面的乌金釉葫芦瓶，打我从收藏瓷器以来就只见到过这一件。葫芦瓶一般以粉青釉色居多，乌金釉这种釉色的葫芦瓶，恕我孤陋寡闻，这是仅见而已。当我上手时，仔细检查，没发现一点毛病，调看“品相报告”，也注明“品相良好”，真是难得！体型如此之硕大、造型如此之优美、发色如此之纯黑、集“真、精、稀”于一身，“玫茵堂”真有眼光！那种深沉的美，让人回味不已。这只乌金釉葫芦瓶是我此场拍卖的首选拍品，当仁不让，我暗下决心要把它竞拍回来。

这场拍卖是夜场。现在国内拍卖公司有个习惯，重点的、贵重的拍品都选择在夜场拍卖，拍卖圈里一说夜场，大家就知道拍品是有一定分量的大价货了。那天晚上，外面的天黑到什么样不知道，四季酒店五楼这个拍卖大厅里，灯火白如昼，气氛热烈，我关注点就在这只康熙乌金釉葫芦瓶。

清康熙乌金釉葫芦瓶成交时刻

总成交价 1.3 亿元，拍品悉数成交的“瑰映如茵——‘玫茵堂’暨欧美名藏盛清五朝御窑隽品”专场

此瓶以底价起拍，3 倍底价成交！我侥幸战胜了其他竞价者，一举夺得。

落槌后，我长长吁了一口气，与坐镇拍卖委托台上的李移舟相视一笑，心中欣喜无限。

果断出手，快意江湖，了无遗恨！

张爱玲平生有三大恨：“一恨海棠无香，二恨鲥鱼多刺，三恨红楼梦未完。”张爱玲是民国著名才女，有独特的感性，才有风花雪月的“三大恨”。我亲历拍场无数，见惯风雨，回想起来，倒也没什么可恨的。下了决心要的，基本能拿下来。拿不到的，无非是“钱”不如人多，力尽而败，没什么可遗恨的。如果一定要学张爱玲“矫情”一下，只有一恨：钱少！

我很理性，钱多有钱多的玩法，钱少有钱少的玩法，个人的资金不是无限的，即使如乾隆皇帝以举国之力满足自己嗜古的雅好，尚不能把世间美物收齐，更何况我区区一个民女。人生有不同的阶段，在哪一个阶段就做那一阶段的事，无须一味追求高不可攀的极品，在自己的能力范围内去进行收藏，玩一些自己承担得起的东西，心中常乐就好。正如德国哲学家黑格尔所说：“存在即合理”。

每一场拍场会繁华过后总会曲终人散，超贵的，买不起，曾经上手过，顷刻间的拥有，已是心满意足，压根儿就没动过入藏的心思；错过的，此刻缘分未到，以后还有机会。

世间之事，水满则盈，月满则亏，岂有圆满。彩瓷有彩瓷的艳丽，单色釉有单色釉的淡雅，各擅胜场，它们同出一源，无分彼此；世人秉性不同，各有所好，故收藏喜好因人而异。

“瑰映如茵——‘玫茵堂’暨欧美名藏盛清五朝御窑隽品”专场不负众望，50 件拍品全部悉数成交，成为拍卖场上不多见的“白手套”专场，总成交价为 1.3 亿元。当晚，保利拍卖的执行董事赵旭迫不及待在微信朋友圈里公告这个喜讯，他选择了以这只康熙乌金釉葫芦瓶作为信息发布背景，而没有选择同场里成交金额高达 4 600 万的雍正珐琅彩平安春信图碗，可见这只乌金釉葫芦瓶自有打动赵董之处。

虽然是 3 倍底价竞得，可还没到我心中的预设价呢，这应该和人们对乌金釉的认识还没到位有关。收藏需要超前的眼光，倘若大众审美达到一定的高度，这只乌金釉葫芦瓶就不是 3 倍底价可以竞买得到的。

康熙时期乌金釉采用两种不同的原料复合制作而成。一是浓度较高的优质青料，二是含铁量高、且含一定量的锰和钴等元素的乌金土配制的紫金釉，然后按一定比例将两者混合烧制成乌金釉。康熙时景德镇烧制的乌金釉料采用附近所产的一种含铁量高达 13.4% 的乌金土制釉，故发色极为纯净。康熙六十一年，法国耶稣会传教士昂特雷克莱在于景德镇写给该教会会计奥日神父的信中谈到乌金釉的配制方法：“要赋予瓷器以带光彩的黑色或称之为乌光色，就将瓷坯浸在以青料为主要成分的混合釉中。制作乌金釉一定要使用优质青料，但其浓度要求稍大一些，配制时将青料与白釉、紫金釉混合，并添加少量石灰与凤尾草灰配制的釉灰……”

从康熙朝开始，乌金釉器的品种有黑地白花、黑地描金等，尤以黑地描金为珍贵。描金是陶瓷器的一种传统装饰技法，指用金粉直接描绘在瓷釉表面，再经低温烧成。而黑釉素面，则要求更高，皆因素雅之物，只有一种底色，若有瑕疵，便一目了然。

葫芦是中国传统文化中最富吉祥寓意的典型代表，“葫芦”与“福、禄”谐音；形状又与“吉”字相类；其腹内结子繁盛，象征多子。故葫芦承载了中国人期望福禄双全，子孙万代，大吉大利，世世荣昌的美好愿景。

自上古始，中国人已建立方位同颜色的对应关系，如《易·坤》中有“天玄（黑色）地黄”之说，五行“金木水火土”，对应着“白青黑赤黄”五种颜色，东为木，色青；南为火，色赤；西为金，色白；北为水，色黑；中为土，色黄。黑色代表水，堪舆学认为：依山靠水，以水为财。黑色，财也；色黑如漆，旺财之物是也。

一身乌黑，如岳临渊，这只葫芦瓶越发显得器型敦实挺拔，线条优美流畅，耸立之间，予人高贵静穆之美。

寓意吉祥，器物精美，入藏这只葫芦瓶令我快慰欣然。

2018 年，我在广东省博物馆举办的“五色祥云——自得堂藏宋元明清单色釉瓷器特展”中，这只康熙乌金釉葫芦瓶作为主要展品之一，与其他三件乌金釉器物以三个独立展柜陈设在展厅中央，成为众人瞩目的展品。 瞥

▌广东省博物馆“五色祥云”展览现场三件乌金釉瓷瓶合影

以一器悦目，以一器见心，大国匠造，铸就流转间的迷人光辉。

▌清康熙乌金釉葫芦瓶

广东省博物馆“五色祥云”展览现场的清康熙乌金釉葫芦瓶，釉质细腻，色黑如漆，光润透亮，净亮如镜，历尽岁月峥嵘，却仍光辉流转，生机勃勃。

楼上楼下挤满热心观众的“五色祥云——自得堂藏宋元明清单色釉瓷器特展”开幕式现场

眼之间，它是那么的平常；仔细端详，它却又是那样不同凡响。不怕不识货，就怕货比货，在一众单色釉展品里，乌金釉散发着独特的魅力。

艺术是让人欣赏的、让人品味的，当你看到一件艺术品，可以瞥眼之间，击节叫好，也可以慢慢进入意境。但是叫好后要能经得住回味，能让人静下神来进入其境界，体悟其中韵致，这样的艺术品才有生命力。

北京保利的翟昊天高级业务经理专门把我在保利竞得的一些拍品送来广州交给我，不过里面没有这只葫芦瓶。为什么不一起拿过来呢？因为这只葫芦瓶是保税拍品，要在境外提货。

什么叫保税拍品？所谓保税拍品，指的是虽然拍卖在国内进行，但拍品不在国内税法管辖的范围内交割，竞得人要在海外或港澳台地区提货，如果拍品带入中国关境，就要报关和缴纳进口关税和其他税项。这只乌金釉葫芦瓶在广东省博物馆做展览时，我是专门报关进来参展的，展完又再报关出去。

北京保利高级业务经理翟昊天（右）与冯玮瑜在自得堂合影

小翟人高马大，膀大腰圆，论身高，比我高出一头，论身材更不得了，当是我两倍以上，我每次站在他旁边，都觉得自己十分苗条，感觉好极了。我跟小翟多次一起吃饭，也不觉得他吃得比我多很多，莫非他吸收好、转化率高？他那么高效吸取养分，父母养他省心不少啊。

小翟告诉我：“我父亲是你的粉丝，他说你的文章写得真好。我说我认识你，父亲不相信，说：‘小子，你吹牛的吧？’这次你的新书《藏富密码》出版了，一定要帮我签名，我送给父亲的。”

能让老人家高兴，何乐而不为。我一口应承，马上就签名，小翟连忙拿手机拍摄下来，还专门凑上来把签名过程拍得真真切切。我笑着说：“还用那么认真？”小翟乐呵呵地说：“这下老爸就不会说我吹牛了，拍下你的亲笔签名过程，老爸一定开心得不得了。”刚签完，小翟马上把这段视频发给父亲，还不忘留言：“我现在冯老师家里呢。”

人生交契无老少，小翟开心我也高兴，“天下快意之事莫若友，快友之事莫若谈”。良朋相聚，谈笑晏晏，诚乐事也。

葫芦瓶是古人观察自然界之物状，提炼其内在形与气，把自然美升华为艺术美，形成的质朴纯净、风雅有致的艺术品。最高档次的陈设器，往往与华丽无关，而是摒弃所有复杂的装饰，让器物回归到最简单最纯粹的本质中。

乌金釉葫芦瓶色黑如漆，长夜如初，大朴若简。与它直面相对，屏息凝视，方能体会那种摄人心魄之美，如皓月长空般隽永。

世好妍华，我耽拙朴。

天地有大美而不言。

量入为出，尽可能减少负债去投资

任何利用杠杆交易的非专业人士都应该认识到，

事实上自己是在投机……或者说是在赌博。

“现代证券分析之父”　本杰明·格雷厄姆

如今，艺术品收藏逐渐成为一种时尚，一种财富标志。艺术品首先具备文化内涵，我们可以鉴赏和把玩，同时它们也是财富的载体，长期持有还能为我们的资产增值。但收藏领域的门槛还是比较高的，我们一定根据自身财力做收藏，钱多有钱多的玩法，钱少有钱少的玩法，要投资自己承担得起的东西，不要负债去追求高不可攀的藏品，学会知足常乐。

最稳妥的收藏之路，就是做到量入为出，把自己的闲钱拿来进行长期收藏。在开始收藏之前，最好不要借钱做收藏。而在投资领域，请先牢记：尽量不要借钱投资，而应使用未来3～5年不需动用的闲钱，这样的话，如果真的发生亏损，不会对自己的日常生活产生负面影响。

现代社会的金融体系发达，我们很容易从各种各样的渠道借钱。金融杠杆对个人资产净值的影响非常明显，杠杆放大盈利，也会放大亏损。比方说，我有1万，再向别人借1万，合计2万元买入某只股票。当该股票价格波动50%，那么我们资产净值波动是100%，也就是说如果持有该股票下跌50%，我们的本金已经全部亏光。

这也是为什么有个别企业家，前段时间我们还在新闻上看到他意气风发，发表了什么宏论，投资了什么项目，经营企业多么成功，在大众面前熠熠生辉。但时隔不久，他的企业突然爆雷，背负亿万债务而无法偿还，沦落到破产或破产边缘。很多人很诧异，那么多钱他是如何花掉的？其实钱也许不是他胡天胡地花掉了，有可能是企业家借助金融杠杆进行无序扩张，以为高周转可以战胜金融杠杆，哪知形势一旦发生变化，流动性就出现问题，资金立即周转不过来。别小看杠杆投资，这种高负债带来的复杂心态和情绪变化，很可能让我们做出不理智的行为。

有人通过杠杆投资赚了大钱，也有人被杠杆投资所累积蓄一夕清零，哪怕99次成功，只要一次爆仓，财富就会被清零，甚至沦为负资产。金融杠杆可以成就你，也可以毁掉你。

回顾全球金融危机，历史已经证明无论操作者多么聪明，金融杠杆都很可能带来极大的风险。但杠杆投资会使人上瘾，一旦你从中获益，尝得甜头，就很容易自信心膨胀，扩大杠杆投资。这样风险逐渐积累，会是投资理财的大忌，也会影响到长期投资的实施。

新手死于追高，老手死于抄底，高手死于杠杆。投资理财，风险第一，盈利第二，作为普通投资者，一定要清楚金融市场的残酷性，尽可能不要或节制借钱投资，只有自己先生存下来，再考虑赚钱的机会。

02

第2章 万般滋味天民楼

一只“天民楼”旧藏乾隆御窑黄釉碗入藏记

为了超越生命

而永久珍藏这泥与火碰撞出的

天赐奇迹与美丽，

埋不住吉光片羽，

驶向岁月深处。

藏品名称	清乾隆御窑黄釉碗	来源	1978 年 5 月 20 日购自香港福成行　天民楼旧藏
年代	清乾隆		2019 年 3 月 23 日，嘉德四季“天民楼藏瓷”专场，编号 3587
款识	大清乾隆年制	著录	《天民楼藏瓷（上册）》图 142，1987 年
尺寸	直径 12.6 厘米	展览	“求知雅集珍藏中国古陶瓷展”台湾历史博物馆，1982 年

冯玮瑜藏瓷精选

清乾隆御窑黄釉碗，器型规整，里外均施黄釉，釉色匀净，品相完美，没有瑕疵，是为精品，且流传有绪，属名家旧藏。

黄者，君之服也，黄色乃帝王专色，黄釉瓷器在明清时期就极为尊贵。据清代《国朝宫史》记载，此类里外黄釉瓷器只供帝后使用，象征尊贵无比，不可僭越。

百代过客，生生不息，这只御窑黄釉碗闪烁着耀眼的光芒，穿过时间的长河，饱尝悲欢离合，盛载万般滋味，见证薪火相传。

晴天霹雳，“天民楼藏瓷”要上拍了！

我惊得目瞪口呆，不敢相信自己的耳朵！天民楼的藏品竟然要上拍？阴功啰！（粤语：可惜、痛心的意思。）

前些天，电视、报纸等纷纷报道中国香港特别行政区发生的一宗“伦敦金”诈骗案，其中受骗最多的苦主竟然是我极为尊敬的葛师科先生。

本以为遇人不淑是女子才会遇上的事，哪知垂暮之年的葛先生，竟遭遇“伦敦金”骗局，被骗5.8亿港元的巨款。那么淳淳厚道的一个老人，竟然被贼人惦记上并得手了，在耄耋之年遭此厄劫，真是没天理啊！

原本想春节后在春拍前再次拜访葛先生的。上次去葛先生家拜访时，葛先生拿出一件永乐甜白釉高足碗给我欣赏。葛先生说碗上的暗花龙纹他已慢慢描摹出来了，这令我感到叹服，描摹出来那么精美复杂的图案要花多少工夫啊！葛先生还说碗里暗刻的“永乐年制”四个篆书款也是他发现的，连前一任藏家和拍卖行都没注意到。我问葛先生是怎么找到的？葛先生不无得意

精益求精、不改初衷的天民楼主人葛师科先生（右）与冯玮瑜相聚殿堂级收藏机构天民楼

地说：“不时拿灯欣赏，看着看着就发现了。”哈哈，真是妙事一桩！这就是收藏的乐趣。

我也藏有同样一只永乐甜白釉高足碗，回去后我也拿电筒照呀照呀，就是没照出款识来（永乐甜白釉高足碗有的有款识，有的没有款识）。我原想拿过去两只对比一下，以便交流请教。哪知还没成行，就听说此番变故，我自然就不好在此时打搅老人家了。本想去电安慰一下，但怕提起这事刺激老人家让他伤心，自己确实也帮不上什么忙，踟蹰良久终没有去电。毕竟 5.8 亿港元的金额太大了，我能力有限，有心杀贼，无力回天。

我问了香港一位跟葛先生较熟的朋友，他说前两天还跟葛先生通过电话，老先生还好，还谈了藏品的事，情绪很正常，没听出有什么异样。但愿吉人天相，葛先生能顺利迈过这一道坎。

没想到没过多久，名闻收藏界的“天民楼藏瓷”竟有部分要见之于拍场。

冯玮瑜在知白守黑展初识葛师科先生（右），一见如故

冯玮瑜在天民楼欣赏葛师科所藏，龙纹独特的明洪武青花大碗

唉，父子两代六十多年的心血，眼看有部分就要散佚了，真让人痛心啊。

初识葛师科先生是在 2016 年 4 月 20 日深圳“知白守黑——北方黑釉瓷精品展及研讨会”上，葛先生一见我就说：“你去年收了一件郎窑红釉梅瓶。”从没见过面的他第一句话就道出了我收藏的事，让我惊讶不已。葛先生说：“微信朋友圈都在转一篇题为《前世今生》的文章，你写的收藏郎窑红釉梅瓶的经过，我也看到了。”自己的小小拙笔，没想到让葛先生记住了，更没想到我们一老一少，聊起来竟非常投契。他盛意拳拳地邀请我做客天民楼，这是我们交往的开始。

葛先生平和谦逊，对中国古陶瓷钻研颇深，其学识不亚于一流学者。记得有一次在天民楼，葛先生拿出一只明洪武青花龙纹大碗给我欣赏，详细地向我介绍如何断代的。因为明洪武时期御窑瓷器还没有书写款识，但洪武的龙纹有几种不同的画法，这只大碗青花发色清亮，与永乐青花不遑多让，但龙纹画法较独特。

有人认为这只大碗是明永乐年间的，因为该碗的青花发色像是明永乐年间的，而明洪武年间的青花大多发灰。葛先生藏有多件永乐青花瓷器，他经过比较认为这只大碗应该是明洪武年间的。不过在没有确凿证据之前，他不轻易下结论。直到在山东省鲁荒王陵墓发掘出土了陪葬的瓷器，他亲自去到鲁荒王陵墓博物馆，上手拿陵墓出土的瓷器，与自己这只洪武大碗对比，经仔细核对，两者的龙纹画法是一致的，从而确定自己藏的青花大碗就是洪武的，因为鲁荒王死于洪武二十二年，所以他的陪葬品只能是洪武年间或之前的，绝不可能是之后永乐年间的。

葛先生的研究是如此严谨认真，没有铁证不轻易下结论，这才是真正的大藏家。如果是其他人，哪个市场价值高就往哪边靠，哪会花那么多时间和精力去研究清楚呢?

他拿起洪武青花大碗，不藏不掖地告诉我洪武龙纹的特征，将他的研究心得娓娓道来。葛先生的研究，不尚空谈，言必有证。他的研究与收藏互为表里，以学术研究铸就的鉴藏眼光指导收藏，又以丰富的收藏给研究提供第一手资料，而且他还亲身到窑址考察，将藏品与发掘出土的标准件对比，考证严谨。他的治学态度，非常值得晚辈学习。

我当面向葛先生建议："听君一席话，胜读十年书，您研究得十分专业和深入，有理论有实践，有中肯独到的见解，有前人未发之新声。您的心得和看法，应该再出一套书，供我们后辈学习啊。"葛先生谦和地说："年纪大了，精力也不够了，这些理论只是自己研究的心得，就不去出书了。”

记得景德镇市陶瓷考古研究所的江建新所长多次动情地对我说过：“我们考古所那时候多穷啊，连打印机、复印机都没有，还是天民楼父子俩过来景德镇考察御窑厂遗址时，看到我们如此困难，主动捐给我们的。我们出土的瓷器第一次走出去展览就是去香港展览，那次展览是多么轰动啊！这才引起国家的重视。但人们不知道，展览能够成功在香港主办，天民楼父子俩又出钱又出力，做了多大的贡献啊！可以说没有天民楼的支持帮助，我们的影响力绝对没有现在这么大。”

天民楼为景德镇市陶瓷考古研究所做的贡献，我从没听葛先生跟我说过，他默默付出，不求闻达。

“云山苍苍，江水泱泱。先生之风，山高水长。”（范仲淹《严先生祠堂记》）

这样一个谦谦君子，却惨被奸人设陷，遭此厄难，真让我感同身受，当晚我徘徊月下，嗟叹良久，怅然神伤：为什么好人没好报？

“天民楼”主人是葛士翘先生与葛师科先生父子俩，他们父子俩都曾先后担任过香港资深收藏团体“敏求精舍”的主席。

“天民楼”之名，源自陶渊明《五柳先生传》“黔娄之妻有言：‘不戚戚于贫贱，不汲汲于富贵。’其言兹若人之俦乎？衔觞赋诗，以乐其志，无怀氏之民欤？葛天氏之民欤？”取“葛天氏之民”中“天民”二字，以“天民楼藏瓷”暗寓“葛氏藏瓷”之意。这也充分表达了葛士翘先生与葛师科先生对“不戚戚于贫贱，不汲汲于富贵”的淳朴生活和高尚情操的认同和向往。

广东省博物馆事业发展基金会在2014年1月为自得堂在广东省博物馆举办“自得堂藏陶”展后编辑出版的《自得堂藏陶》一书里，我的拙作《自

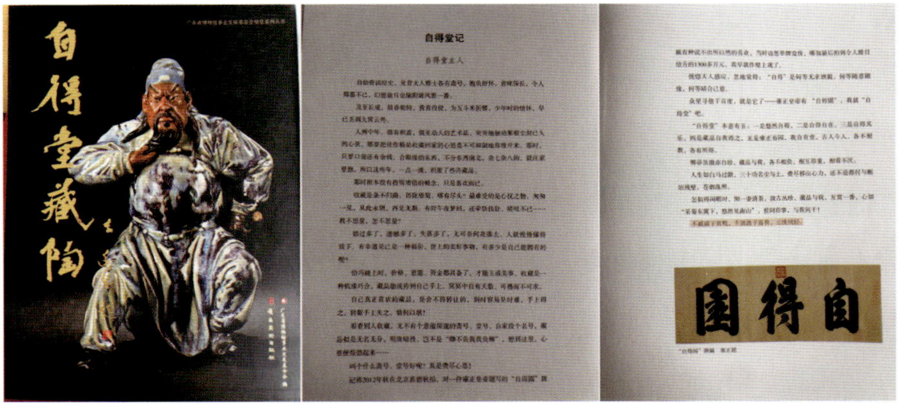

《自得堂记》里“不戚戚于贫贱，不汲汲于富贵，云淡风轻”

天民楼一隅，带着炽热与期盼浴火而生的藏瓷谱写着无形的诗。

得堂记》的最后一句正好也是“不戚戚于贫贱，不汲汲于富贵，云淡风轻。”可见我们虽然相隔两代，却有着共同的理念，天民楼和自得堂，乃是同道中人。

天民楼于 1987 年在香港艺术馆首次展出“天民楼藏瓷”，系统地展示了其藏品，在当时轰动了整个陶瓷收藏界。1992 年在台北市鸿禧美术馆举办“天民楼青花瓷特展”，1994 年在佳士得上海分公司举办“天民楼基金会藏明清彩瓷特展”，1996 年在上海博物馆举办“天民楼珍藏青花瓷器”展览，天民楼享誉海内外。

1996 年，上海博物馆副馆长、著名古陶瓷学者汪庆正先生在上海博物馆举办的“天民楼珍藏青花瓷器”展览的序言中写道：“这是世界范围内，私人收藏元青花最多的单位，连同公有收藏单位计算，天民楼也仅次于‘土耳其托普卡比博物馆’（Topkapi）和‘伊朗阿德比尔清真寺’（Ardebil），属全球第三位。”

一个私人藏家，仅凭元青花瓷器藏品，就公认可以排到全球第三位，连两岸故宫都比不上，更遑论其他，由此可知“天民楼”在收藏界的分量。

最初收藏中国古陶瓷的是葛士翘先生，从 20 世纪 60 年代开始收藏，至 80 年代，其收藏已颇具规模。随着藏品的不断增加，葛士翘希望为自己多年来的收藏品办一个展览，出一本书。1982 年，葛师科到香港探亲，了解到父亲的心愿，考虑到父亲年事已高，事务繁忙，而自己对文物艺术品也很感兴趣，便欣然答应了父亲，开始亲自筹备展览。葛师科在 1982—1987 年筹备展览，在这五年里，他几乎整日埋首家中，潜心研究家里藏品。仔细地捧出一件件瓷器，小心翼翼地拍照、丈量尺寸，编写目录，多方查找资料编写展品资料，耳濡目染，潜移默化，瓷器鉴赏水平日益精进。

20 世纪 90 年代后，天民楼收藏由葛师科先生接管。他在原有收藏基础上，持续完善，并更加注重学术研究，成为华人收藏家的一面旗帜。

在两代葛先生的悉心管藏之下，天民楼逐渐成为媲美专业博物馆的殿堂级私人收藏机构，是当今海内外最为重要的私人陶瓷收藏机构之一。

回顾过往，葛师科感慨地说："父亲的眼力和魄力是靠多年的文化积累和悉心研究练出的。天民楼的成功，与其拥有的财富不无关系。但财富只是主要因素之一，绝非唯一条件。收藏并非简单的购买，更是一个过程，香港拥有千万资产的人不计其数，但藏品达到如此规模的藏家，只有寥寥数人。"

例如，1981 年，葛士翘先生在拍卖会上购入了一只明永乐时期的青花十六子碗，加上佣金一共花了 165 万港元。在当时的香港，这笔钱可以黄金地段买下三套高级海景房。香港的房价在世界范围内长期名列前茅，黄金地段、海景房、三套……那是什么概念！真是令人咋舌！

三套海景房换一只碗！这可是大新闻，在拍卖结束的第二天就成了全香港报纸的头条，标题多是"天价购得一只碗"，内容多是嘲讽的口吻。低调的葛士翘先生并未告知夫人，夫人看到这则报道时，还问道这是哪个傻瓜呀？花这么多钱买只碗。却不知这个"傻瓜"正是近在眼前的夫君。

1992 年 1 月，葛士翘先生最后的收藏是八百多万港元竞投得的一只碗，款项分期在二、三月份付清，四月份葛士翘先生不幸过世。葛士翘先生对瓷器的热爱可谓至死不渝。父亲过世后，葛师科接棒"天民楼"，在父亲收藏的基础上，持续增加藏品，完善收藏体系，进行学术上的研究，把天民楼的收藏理念发扬光大。

天民楼的瓷器精品，大多是 20 世纪 70 至 80 年代买入的，葛师科先生曾经说过："我们为什么有今天的收藏？不是想要就有的，要等机会。"那段时期，华光航运创办人赵从衍、大古董商仇焱之和著名收藏家叶义等，都把心爱藏品释出拍卖。其中，船王赵从衍因为船运公司负债几近破产，迫于无奈两度把心爱古董瓷器割爱公开拍卖，才渡过难关。仇焱之是其去世后由后人把他的藏品分三次在苏富比拍卖进行拍卖，轰动一时，多件藏品成交价创了当时的拍卖纪录。大藏家的买卖入藏，除了眼光与修养，还要看时机，时机很重要。葛师科先生说："现在有些人很有钱，但没有东西，没我们当年好买。"

不怕贼偷，就怕贼惦记。天民楼享誉数十年，终因声名太响，被奸人设局构陷，葛先生这回可让奸人害惨了。可惜了这父子两代人数十年的心血！

天民楼旧藏中付之于拍场的第一批瓷器，首先在中国嘉德开拍，嘉德的新闻稿详细说明了天民楼释出这批旧藏的原因。

"1987 年的天民楼大展已经过去三十余载，近年来葛师科先生一直在筹备新的天民楼大展，准备在香港艺术馆重新开放时举办。相对于 1987 年展览的琳琅满目，新时代的天民楼大展一定是历久弥新，精益求精的。天民楼藏瓷中最为世人称道的部分——元青花和明代瓷器，将会是新展的核心。而本次拍卖就是在这一背景下应运而生的。为了进一步丰富和突出重点门类，天民楼所藏的部分清代作品，将会在本场拍卖中释出。"

原来是为了精益求精，聚焦元明瓷器精品，我吁了一口气，也放下了为葛先生担忧的心。豪门之事，玄机重重，外人也弄不清，但愿如此吧。

不管是什么原因，上拍的那些拍品其结果必定"从此萧郎是路人"（崔郊《赠去婢》）。

水带愁长，山萦梦远，悠悠几度飞葭，今日尚是自家旧物，怎知明日花落谁家？这场离散对天民楼来说是一次刻骨铭心的艰难取舍，可对于新一代收藏家则是莫大的福音，这是一次可以入藏天民楼旧藏的绝佳机会，能够有机会入藏这种世界顶级陶瓷收藏家的旧藏，对提升自己收藏体系的质量。具有重要意义。天民楼不也是在20世纪80年代不断购入一代大收藏家胡惠春先生、赵从衍先生、仇焱之先生、叶义先生旧藏的过程中逐渐完善收藏体系，走向辉煌的吗？

时任中国嘉德拍卖四季陶瓷工艺品部总经理刘旸（左）与冯玮瑜在自得堂合影

承接这批天民楼旧藏瓷器拍卖的是中国嘉德拍卖四季陶瓷工艺品部，我跟时任中国嘉德拍卖四季陶瓷工艺品部总经理刘旸是认识许多年的老朋友，在拍卖前两个星期我就急急忙忙地赶去北京嘉德看库房，哪知天民楼那批货还没到，刘旸说：“天民楼要明后天才到库。”为了先睹为快，我就住到嘉德艺术中心对面的华侨大厦苦等，结果第二天还是没到。于是刘旸安排其他拍品给我看。

玮瑜说瓷

看库房：收藏界的行话，即到仓库看货品。古董行业是特殊的行业，一般来说，库房重地不会随便让外人进入，更不让外人看货品。因为仓库有什么货品、质量怎样属于商业秘密。

我提前到嘉德看库房目的很明确，就是为了天民楼，我对刘旸说："我还是等天民楼吧。"刘旸万分抱歉地说："天民楼要十三号才到，实在不好意思。"离十三号还有几天，真没有办法等那么长时间了，我意兴阑珊，快快而回。

以天民楼的号召力，预展一定是人山人海。我虽然感冒发热，但还是抱着快快病体，戴着口罩，依期而至，刘旸专门给我安排了一个房间单独看，还在一边陪着我。我知道外面人头攒动，各方来客纷至，刘旸要不停地接待，所以就请他快去忙别的，我自己认真看就行了。

这 115 件即将上拍的天民楼旧藏，多数是清代的，果然跟中国嘉德拍卖新闻稿所说的葛先生要聚焦元明瓷器做精品展相吻合。

嘉德四季上拍的这批瓷器，大多都是在 20 世纪七八十年代入藏的，可惜这批瓷器大部分都在品相上有点小瑕疵，完美的只有寥寥几件。在我最感兴趣的黄釉瓷器里，只有一件属于御瓷的"乾隆黄釉碗"是品相完美的，其他都有不同程度的破损，甚至是大的瑕疵。我将这一百多件拍品慢慢地看了一遍，心中已经有数。

玮瑜说瓷

御瓷：明清两朝都在景德镇设立御窑厂，专为生产皇家用瓷，叫官窑瓷器。这些官窑瓷器仅供皇家使用，其他人不得僭用。封建社会分等级，即使是官窑瓷器也不例外，有供皇帝使用的、有供妃子使用的，不同的等级，其用瓷的釉色和品质都有所不同。例如里外全黄釉的瓷器，只有皇帝、皇后、皇太后才能够使用。御瓷就是等级最高的，供皇帝把玩、欣赏、陈设、使用的瓷器。现在也泛指在官窑瓷器里品质较高档的瓷器。

第二天，我再一次来到嘉德艺术中心的预展展厅，又看了一遍。这是我的习惯，对于自己准备参与竞价的拍品，我会在不同的时段上手几次，验证上一次上手是否有漏眼的。

对于品相问题，刘旸在朋友圈是这样说的："在这一次天民楼藏瓷的征集过程中，让我感触最深的一点是两代葛先生的收藏选择，他们首先在意的是藏品本身的品质，比如红色的一定是发色最好的，并且一定是少见品种里的质量最高的，红釉中最红的瓷器。如果品相上有一点问题，他们反而是可以接受的。但是现在国内收藏家会过于在意瓷器的品相，甚至是极度要求品相完美，在这一方面，我觉得两代葛先生可能会给国内收藏家的审美和收藏理念带来重要影响。"

我个人认为，品相上的瑕疵并不能淹没瓷器的艺术性，收藏家应该秉持守护中华优秀传统文化的情怀，多从艺术性、历史性、代表性、稀缺性、工艺性等方面着眼，不宜一叶障目，不斤斤计较于某些小瑕疵。判断一件艺术品的价值，也不仅仅是看它一时的市场价格。思想的深度，决定收藏的高度。

2019 年 3 月 23 日晚，"天民楼藏瓷"拍卖会在嘉德艺术中心举行，人潮汹涌，要凭竞买号牌才能进入拍卖大厅，没有办理竞买手续的不得入场，一大帮看热闹的吃瓜群众就对不起了。即使这样，拍卖大厅里还是挤得水泄不通，这是我多年来参加拍卖会从没见过的景象，还好，我一个纤纤女子，别人怜香惜玉般让了个座位给我。

第一件拍品由多个号码牌争相竞价，率先以 46 倍于起拍价的高价成交。随后竞拍热浪一波接一波，藏家们不甘人后，竞争激烈，拍卖现场异常火爆，成交价全部超过估价，而且往往溢价多倍。

清乾隆黄釉碗

精致典雅的清乾隆黄釉碗，折射着往昔岁月的光影，重现着古人的智慧与生命的悠远恒常。

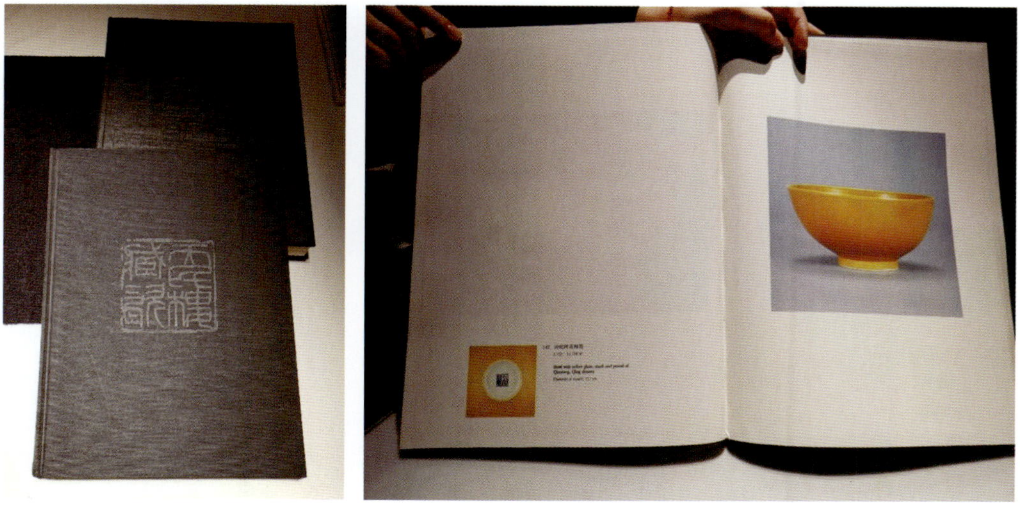

《天民楼藏瓷（上册）》，香港艺术馆，香港，1987 年，图 142 清乾隆黄釉碗

在开拍前我圈定了五件单色釉拍品，准备参与竞价，其中一件就是上文提及的乾隆御窑黄釉碗，这只碗我是不管什么价格都必须拿下，因为一来它符合我的收藏主线御窑黄釉瓷器系列；二来它是这批天民楼旧藏里仅有的几件品相完美的佳器之一；三来此碗于 1978 年购自香港古董商福成行，1982 年在台湾历史博物馆“求知雅集珍藏中国古陶瓷展”展出，1987 年著录于《天民楼藏瓷（上册）》图 142，是天民楼藏瓷体系里一件有展览、有出版的重要藏品；四来它完全符合我“流传有绪、名家旧藏、品相完美”的收藏原则；五来我的藏品系列里有一只同样的乾隆黄釉碗，多此一只可以配对。

这只乾隆御窑黄釉碗，器型规整，里外均施黄釉，釉色匀净，品相完美，没有瑕疵，碗底青花篆书“大清乾隆年制”，是这批上拍天民楼旧藏里的精品，不愧是代表天民楼参加展览的隽品。

见证冯玮瑜得偿所愿，竞得清乾隆黄釉碗的著名拍卖师徐军（左）与冯玮瑜合影

“天民楼藏瓷”拍卖会现场

溢价多倍，高潮迭起，100% 成交，买气十足。

当轮到这只乾隆黄釉碗竞拍时，我从第一口叫价就应价举牌，也不管有没有人争，不管有多少人争，不管价格合不合理，就只管举牌，管它十万、二十万，管它五十万、一百万，反正非举到不可！就是这么不讲道理，就是这么任性。最后我得偿所愿，拿下了这只品相完美的天民楼旧藏乾隆御窑黄釉碗。天民楼两代人毕生的心血与情怀，真不是金钱可以衡量的。

其他四件没能竞得，因为它们的成交价格远远超过了拍卖估价，也超过了我的预设价，有三件我是落槌价的前一口价。因为到最后阶段还有人在跟我竞争，主持这场拍卖的金牌拍卖师徐军大哥还瞅着我，向我轻轻摆了一下下巴，看我还举不举牌继续竞价，我向他摇摇手示意放弃了。获得本场“白手套”荣誉的徐大哥还记着我竞得了一件，在拍卖结束后第一时间就给我发微信说：“恭喜美女藏家！”

这场天民楼旧藏拍卖只有 115 件藏品，现场那么多人竞争，算上电话委托和网络竞价，平均一百个人都争不到一件，我能争到一件已不负初心了，既然有那么多人喜欢天民楼，又叫到了那么高的价格，那让给别人又何妨？现在是分享年代，多一个人收藏天民楼旧藏，就多一个人传播天民楼的收藏理念，多一个人宣传中华优秀传统文化，这何尝不是自得堂的初衷呢。

天民楼藏瓷的轰动效应，吸引了大量的业内外人士，是近年来难得一遇的热闹场景，115 件拍品悉数成交，总成交价达到 5 472 万元人民币，傲人的成交额让人欣喜，还带动了嘉德四季的瓷器杂项门类的成交。本次拍卖其瓷杂门类拍卖成交额超过了传统拍卖大项书画板块，对于瓷器杂项来说，这是近年来了不起的成就。

20 世纪七八十年代，一件瓷器可以买一堆书画，近年一张书画可以买一堆瓷器。天民楼旧藏拍卖的炽热，是否意味板块轮替，热点互换的开始呢？到底是星星之火可以燎原？还是划破长夜的陨星？当拭目以待。天民楼旧藏拍完未到一个小时，葛家的第三代小葛先生就在朋友圈发表了感言：

“嘉德四季天民楼专场今晚于北京嘉德艺术中心完美白手套收官！首拍获此佳绩，感慨良多……

首先是感恩，感谢嘉德团队各位伙伴们的努力付出！感谢海内外藏家与行家对天民楼藏瓷的认可！更感谢尊敬的长辈和朋友们一直以来对我们的友爱和支持。

天民楼于上世纪60年代后期自祖父葛士翘先生开始进行瓷器收藏，逐步建立起自己的体系；在家族亲友的支持下，由家父接手近三十载，潜心研究并发扬光大。而我从小有幸能在父亲的熏陶下耳濡目染，领略到收藏的乐趣，感受到父亲对古陶瓷艺术的全心热爱与投入，更感受到他传播与发扬中华文化的热忱。

此次割爱，纵有万般无奈与不舍，但正如父亲所言，收藏之物本皆是暂得，佳器若能在同好手中得到珍惜与传承，亦是美事一桩。”

好一句“佳器若能在同好手中得到珍惜与传承，亦是美事一桩”。葛先生三代人的襟胸，端然大家气象，让我万分佩服！

今晚天民楼旧藏专场拍卖，激情四射，让人难以忘怀。多年以后，当我回顾自己的收藏历程时，今晚必是让我念兹在兹、历久常新的一个拍卖之夜。

虽然无数烟云过眼，但能经手天民楼专场并取得巨大成功，当是职业生涯的无上荣耀，刘旸也发表拍后感言：“每次拍卖都像脱层皮，这次尤甚。现在终于可以静下来总结总结。关于天民楼，有两个感受，第一个是天民楼品牌的巨大魅力，这是我们国内收藏家未来收藏之路上一盏永不熄灭的明灯；第二个是我们最可爱的买家们，你们向外界证明了你们的眼光、追求和实力。”

在这篇感言里，刘旸还专门截图了我拍后发的朋友圈：“自得堂终于入藏到天民楼旧藏，开心！中国嘉德‘天民楼藏瓷’专场今晚经三个半小时精彩竞价 100% 成交，总成交 5 472 万，溢价多倍成交，高潮迭起，买气十足，为 2019 年拍卖市场注入了一剂强心针。”

这只天民楼旧藏乾隆御窑黄釉碗，对我来说是一个收藏道路上的纪念，能够入藏一件天民楼旧藏，是我的万分荣光，也以此向天民楼两位前辈致以最崇高的敬意！自得堂以天民楼为榜样，一脉相承，薪火相传。

大道之行，任重道远。

坚持长线投资，赢得利润最大化

如果你不愿意持有一只股票10年，那么你连10分钟都不要持有。

全球著名投资家　沃伦·巴菲特

葛士翘先生原籍四川成都，早年靠写文章、编报为生。20世纪50年代初，葛士翘先生赴香港发展，他平常处事低调，直到“天民楼”首次大展时，才一鸣惊人，天下皆知。

20世纪60年代，葛士翘先生已经开始收藏中国古瓷器。1987年，葛士翘先生创办了天民楼，以收藏元青花瓷器闻名于世。1992年1月，葛士翘先生以800多万港元拍下他人生最后的一只古瓷碗，分期于同年2、3月付清款项；同年4月，葛士翘先生驾鹤西去。葛先生对于文物收藏的热爱真是至死方休，而他的儿子葛师科先生接棒天民楼后，发扬光大。天民楼历经两代人的努力才成为收藏领域的一面旗帜。

葛士翘先生终生致力于中国古瓷器收藏才有所成就，这种精神值得我们学习。不论我们想从事什么类型的投资，都要做好长期持有的心理准备，涉足证券交易领域，则要做好经历牛市和熊市洗礼。

在证券交易市场，面对巨幅波动，一般人非常容易陷入恐慌，从而做出错误的投资决策。这是因为他们没有理解长期投资的逻辑，嘴里说是践行长期投资，但实际行动却与之背道而驰。

巴菲特在2008年以8港元每股投资港股比亚迪股份，2009年10月比亚迪股份涨至87港元，但巴菲特一股未卖。随后几年，比亚迪股份暴跌，2012年7月跌至12港元，在此过程中，巴菲特也没有减持。比亚迪股份经历了长达8年的低迷，正当人们以为股神老矣，投资比亚迪可能是老马失蹄。2020年，比亚迪股份迎来了史诗级大涨，截至2021年10月，比亚迪股份每股超过300港元，人们不得不再次叹服股神的长期投资理念。

巴菲特投资比亚迪10多年，经历了两轮过山车。如果没有做好长期持股的心理准备，可能就和我们普通人一样，过早抛售，真如此，巴菲特也不会被称为股神了。

秉持长期投资理念，寻找优质企业进行投资，在股价大跌时买入，在经济衰退时进场。经济发展是有一定周期性的，在证券交易则是牛市和熊市循环交替。对自己的决策有信心，在合适的时机买入优质资产，然后耐心持有，时间的复利魔法会给我们期待的丰厚回报。当然，一旦发现市场被过度炒作，要舍得离场，也就是牛市高潮时舍得离开，熊市低谷时敢于回来。

03

第3章 花开刹那最撩人

一只民国瓷胎画珐琅花鸟诗文盘入藏记

花开刹那，

器纳千年，

传奇摹制，

将刹那芳华定格成永恒。

藏品名称	民国瓷胎画珐琅花鸟诗文盘
年代	民国
款识	雍正年制
尺寸	直径 17 厘米
来源	日本田路周一旧藏 中国嘉德 2011 春季拍卖会“明清瓷器集珍”第 4171 号 匡时上海 2017 秋季拍卖会“大器——古代空间夜场”第 1051 号
著录	《清代乃瓷器》图版 31，日本，田路周一 《东瀛遗珠——山中商会及日本旧藏名窑瓷器》图版 127，第 308 页
展览	“东瀛遗珠——山中商会及日本旧藏名窑瓷器”2021 年 6 月北京，编号 127

冯玮瑜藏瓷精选

此盘为民国仿雍正瓷胎画珐琅彩器，造型端庄自然，薄削透澈，在自然光下可见背面纹饰。既有着江南杏花春雨般温婉雅致，又透着春天特有的生机勃勃，细腻耐看，令人有耳目一新之感。惊鸿一瞥间，我与此盘不期而遇。花开刹那最撩人，若是花常开，生命常在，邂逅也就不会如此动人情怀。

2018 年 4 月 3 日中午，全球收藏界的目光全聚焦在香港会展中心举行的苏富比春季拍卖会上。一只清康熙御制粉红地珐琅彩开光花卉碗正在上拍，我也在现场观战。结果不负众望，该碗以 2.39 亿港元成交，市场再次验证了珐琅彩瓷器的魅力。

珐琅彩瓷器又称瓷胎画珐琅彩瓷器，它是中国陶瓷史上最为璀璨的一颗明珠，集中西风韵于一身，画尽了皇家的高贵与荣华。

玮瑜说瓷

珐琅彩瓷器：清宫的原标签上称为“瓷胎画珐琅”，现在通常叫珐琅彩瓷器，在康熙晚年时创烧，先由景德镇御窑厂选用最好的瓷土烧成素胎，然后送到皇宫内务府造办处珐琅作以珐琅彩料在瓷器表面绘画，烧成后釉色娇艳，华丽绝伦。珐琅彩料含有大量的硼，这是中国传统彩料中所没有的。珐琅彩瓷器成本高产量低，是宫廷玩赏器，传世品很少。

瓷胎画珐琅彩瓷器是清代皇室自用瓷器中最具特色、最为精美的釉上彩瓷器。从康熙的色浓庄重至雍正的清淡素雅，再到乾隆时精密繁复的雍容华贵，使得珐琅这一洋味十足的彩料在瓷器上得到淋漓尽致的发挥。

瓷胎画珐琅彩瓷器可以说秉承了历史上中国陶瓷发展以来的各种优点，在拉胚、成型、画工、用料、施釉、色彩、烧制的技术上几乎是最精湛的。这些器物可以代表当时最高的艺术水平，最高的工艺水准。

玮瑜说瓷

拉坯：是制作瓷器成型的第一道工序。把泥坯放在轮盘上，转动轮盘，双手按泥坯向上拉提，随手法的收放把泥坯拉成所需的形状和尺寸。盘、碗、碟、瓶等瓷器在传统制瓷方法上均需拉坯成型。

我也在拍卖市场收藏了一件珐琅彩瓷器，收藏过程发生了许多故事，事情要从 2017 年说起。

记得那年的 11 月，上海匡时拍卖公司新成立并举行首场拍卖会，九哥早早就邀我去捧场。

九哥是谁？他古董行业的大行家，全名叫韦九谷，脸白，身修，话音带着江南人的温婉，可算古董收藏圈的俊男了。他从业经验丰富，行内有叫他“九哥”，也有叫他“韦哥”的。

我经常在拍场上看见九哥，有时一个地方同时有几家拍卖会预展，经常刚在这家道别，又在另一家碰上了。每每此时，九哥就会摇头叹息说：“你又不是做古董买卖的，还那么勤奋，我们行家哪里还有饭吃啊！”说得好像

古董行业的大行家韦九谷（右）与冯玮瑜在华艺慈善拍卖会上合影

华艺国际拍卖有限公司 2017 春拍欢迎晚宴邀请函

我真抢了他饭碗似的，不过，我知道这是开玩笑的。

早在 2017 年 5 月下旬，华艺国际拍卖有限公司举办春季拍卖会。在敲槌拍卖的前一天晚上，华艺拍卖举办“2017 春拍欢迎晚宴”，邀请重要客户出席。华艺拍卖董事长李秋波亲自发来邀请函请我参加，我欣然赴宴。

晚宴开席前，华艺拍卖拿出十多幅大艺博获奖作品进行慈善拍卖，所得善款将全部捐给慈善机构。席上各人踊跃举牌，为善不甘人后。

九哥跟我坐在同一席，我们都有举牌。有一幅当代青年画家的作品，我觉得还可以，就又举牌了，反正也是做慈善。九哥看见我举，他也举，他个子比我高，手也比我长，出价比我高，结果让他竞得了。我心里嘀咕：九哥不是做古董生意的吗？怎么对当代书画感兴趣了？

送单小姐拿成交确认书过来请

韦九谷送给冯玮瑜的当代画作

他签名确认，九哥爽快签名后，也不等宴会结束，马上出去刷卡付清价款。回来后把单子递给我，笑着说：“这件拍品是我送给你的礼物。”接着他对华艺工作人员说，这是送给冯小姐的，请送到她家里。

啊！我大吃一惊，我们虽然早已认识，却并没有深交，今晚才第一次凑在一席吃饭，没想到九哥是拍下来作为送我礼物，怪不得刚才跟我争。与君初相识，犹如故人归，一拍一送，乃见交情。我对这个说话温婉的男子印象更好了。

不寻常的开始，往往会有不寻常的故事。过了不久，在江湖上忽然听到传言，说九哥到上海匡时拍卖入职了……我初初听闻，觉得有点诧异，九哥自己开过公司，做过老板，现在是国内知名大行家，日子过得自由自在，为啥还要去当朝九晚五的上班一族呢？不过，这消息是佳趣雅集理事张志大哥透露出来的，他消息灵通，而且跟九哥是死党，他的消息八九不离十。

也许是人各有志，也许是我妇人之见，人生本来有很多的选择。我默默祝福他，却老担心远方的他能否适应在拍卖公司的工作？

一入江湖岁月催，干拍卖这行，要业绩、要成交额、要利润、要公司内部评比、要同行之间的排名，压力很大。到五湖四海征集，风里来雨里去，人前赔笑，人后加班，没日没夜的。除了征集，还要招商，最后还得帮忙追收款。好不容易一场拍完了，还没好好歇口气，下一场又紧锣密鼓开始了，一场接一场，没完没了。年年月月花相似，岁岁年年人不同，韶光易去，却把流年抛。

我一向很尊敬拍卖从业人员，没有他们的辛勤劳动，怎会有我今天的收藏呢？——因为我的藏品全部都来自公开拍卖里竞得。

这消息果然是真的，因为不久后我在北京春拍活动里遇见九哥，他亲口证实此事，并叮嘱我："我的首拍你一定要来呀。"——那还用说！那是上海匡时拍卖公司成立后举办的第一场拍卖，也是九哥入职上海匡时的首次亮相，我当然是不远千里，赶去上海捧场了，我是讲道义的人。

2017年11月3日，在上海匡时拍卖的预展场里，我见到忙前忙后的九哥，他风采依旧，但眉宇之间，总感觉少了点当年在江湖上的洒脱之气，本来就清癯的他更颀瘦了。由此可见，做拍卖真不容易啊！我心里有万分的感慨，心想怎么也要在这场里买件拍品，以实际行动来支持九哥。

预展前看图录，有几件东西是心仪的，可到预展现场一上手，感觉不甚了了。

韦九谷（左）与冯玮瑜在上海匡时首拍的预展大厅合影

我两手一摊，对陪我看预展的九哥遗憾地说："没看上啊。"九哥马上说："没关系的，能来就好，不是非要买东西不可。"

话说得真让人暖心，可九哥的话说得越漂亮，我心里越发觉得不买件拍品就对不起九哥。再转转看看吧。九哥没因为我说找不到合适的拍品而去接待其他客人，而继续陪着我转转看。

转了一圈，忽见到一只原来没有留意的、标注为民国的珐琅彩瓷盘在一众拍品中清丽脱俗，宛若佳人，就拿上手来看，甫一上手，惊觉瓷盘胎质是如此的轻薄透澈，吹弹可破，细细看去，竟影影绰绰可见背后的手影。

盘中以珐琅彩精心绘有牡丹、玫瑰、青竹、兰草、洞石和两只白鸽，内蕴柔和，而白釉莹润，更衬出牡丹的艳丽、青竹的翠绿。红花绿叶，青翠欲滴。色彩明艳，具有层次感，变化丰富，却又通透干净。江南杏花春雨般温存婉致，透着春天特有的生机勃勃，细腻耐看，撼动人心。顿觉别开生面，有耳目一新之感。

原来刚才只顾着看明清御瓷，没留意到陈设在拐弯角展柜的这件民国瓷盘，差点让它成为沧海遗珠了。

瓷胎画珐琅彩瓷器所展示视觉效果的与传统彩瓷完全不同，这瓷盘虽是民国所作，比康雍之作固有不及，但又远胜于当代新仿工艺品。

我问九哥："此盘来源怎样？"

九哥答："日本大藏家田路周一的旧藏，有旧著录的，是我收的货。"

"东西相当不错，怎么那么便宜？才 2 万。"我指着标示牌上的估价，有点狐疑。

九哥一本正经地说："我的面子大嘛。"

"假货吧？"我撇撇嘴。

"货真价实的珐琅彩。"九哥正色说道，接着补充说，"不过是民国的。"

"那我就拍这个，反正才 2 万。"

九哥一听笑弯了腰："你不晓得民国瓷的行情吧，我看没有 20、30 万，恐怕拿不到。"

"那你标价 2 万干什么？不是逗人开心吗？"我跺跺脚。

"委托人给我的底价真的是才 2 万呀。"

"20 万的东西，人家 2 万给你上拍，万一就 2 万敲了，那他不亏大了。"

"人家对我有信心嘛。"九哥拍拍胸口，一副胸有成竹的样子。他哪有胸肌啊！瘦削的身子完全撑不住衣服，衣服耷拉在身上，就像挂在衣架上一荡一荡地晃着。做拍卖真减肥啊。

此盘底是以蓝料彩“雍正年制”四字双行宋錾体印章式款，款外围以双方框，框线外粗内细，极其规整，很像是用刻好的图章印上去的。

雍正珐琅彩瓷器在图案装饰方面，一改康熙珐琅彩只绘花卉，有花无鸟的单调局面，大量出现描绘院画风格的花鸟、竹石、山水等图案。画面空白处题以书法极精、内容文雅的相应诗句，而且诗文的引首都有一方朱文闲章，句末则有或两方皆朱文、或上为白文下为朱文的闲章。雍正珐琅彩瓷器真正成为制瓷工艺与诗、书、画、印相结合的艺术珍品。

此盘为民国仿雍正瓷胎画珐琅，造型端庄自然，盘敞口，弧腹，圈足，盘内用珐琅彩绘牡丹、玫瑰、青竹、兰草、洞石，幽篁凝翠，花影参差婆娑，洞石静憩似眠。一对白鸽一前一后在花丛间踱步，状甚闲适。左上角以俊美娟秀的小楷墨彩书二行御题诗“竹间香语清幽趣，月季长占四时春”。并印三枚红印章：金城、旭映、佳丽。这是雍正瓷胎画珐琅瓷器常用的印章。不过，此盘的三枚印章与盘底印款章，笔画比真品还要规整，好过头了，反而露出了马脚。

太刻意的模仿，难免过犹不及。

收藏圈有专收宋元高古瓷的老窑群体，有专收明清官窑瓷器群体，也有收藏民国瓷瓷器群体。喜爱并收藏民国瓷器的藏家自有一个圈子，也玩得不亦乐乎。

我是收藏民国瓷瓷器的圈外人，但看见此盘青翠嫩绿，春光扑面，清气迎人，如斯美妙，没想那么多就一脚就跨过界去，抱着游戏的心态，试着参与，能否竞得已无关紧要。可能2万元的起拍价真是太便宜了，是个大“漏”，引来一堆人争先恐后抢着去“堵漏”。

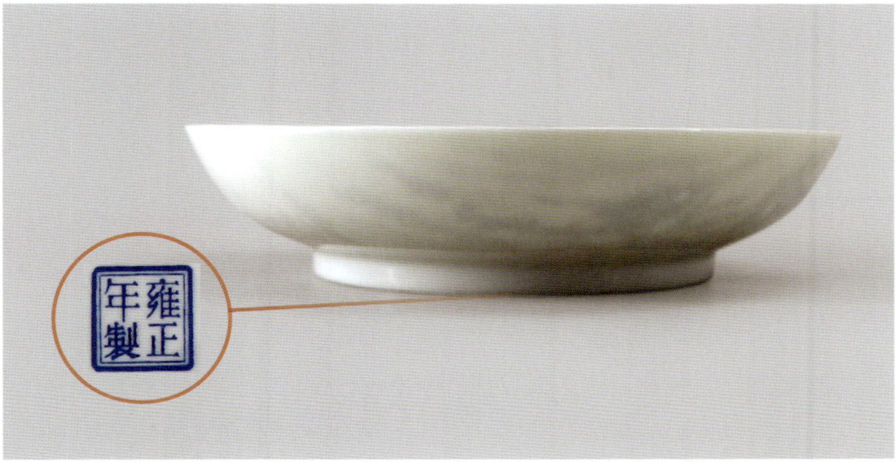

民国瓷胎画珐琅花鸟诗文盘薄削透澈，在自然光下可看到背面纹饰

民国瓷胎画珐琅花鸟诗文盘

此盘将制瓷工艺与诗、书、画、印相结合，在洁白如雪的釉面上直接彩绘院画风格的花鸟、花卉、竹石图案，瓷质细润，色泽鲜艳亮丽，画工精致。

民国瓷胎画珐琅花鸟诗文盘局部

“大器——古代空间夜场”这个夜场刚开拍，第一件拍品就是这只民国瓷胎画珐琅花鸟诗文盘，只见满场啪啪地举牌不断。见那么多人争，我就先看看热闹。叫价到了15万后，已淘汰了一批，我才不慌不忙地加入竞价行列，当我举至20万时，已经没有人再跟我争了。这时，拍卖师本可以敲槌，可这家伙却像吃了猪油似的腻着，拖延不敲槌，老是不停地问：“现在才20万，还有加价的吗？多么漂亮的珐琅彩啊，才20万呐，还有加价的吗……”真比路边摆摊拿着个喇叭喊“减价大销售”的还努力。

上海匡时拍卖成立后首场拍卖会“大器——古代空间夜场”现场

冯玮瑜拿下本场第一件拍品：民国瓷胎画珐琅花鸟诗文盘。

有些拍卖师的收入是按成交额跟拍卖行计提奖金的，毕竟这是夜场的第一件拍品，也许想来个开门红吧。这家伙真是个货真价实的劳模，喊到嘴烂还不停地喊，结果还真让他喊出个新买家出手加价。

不知道是未到底价？还是个托儿？反正这新买家也忒努力，跟我一口一口地较劲，一下一下慢慢地争到 30 万了，这到了我出价的极限，再高价我就让他了。拍卖师还在不停地嗷嗷叫。真气人！都没人应价了，还叫什么叫！

看拍卖师老扯着喉咙喊不敲槌，气得我挤出后排人群，走了。刚走出拍卖厅门口时，就听到拍卖师吁了一口气，“啪”的槌声一响：“30 万。谢谢你！”哼，第一件拍品就这么努力，今晚拍卖肯定奖金不少了吧。

那个穿高跟鞋的送单小姐“嘚嘚嘚”地跑着追着到拍卖厅外，喘着气找我签下“成交确认书”。

也不知道是不是个“局”，就这样，我拿下了上海匡时拍卖成立后首场拍卖会的“大器——古代空间夜场”第一件拍品。虽然价格不高，由 2 万起拍竞价至 34.5 万成交，也算为本次夜场拍卖开了个好头，自觉总算对九哥有个交代。

在最顶尖的瓷器里，宋代的徽宗汝窑瓷器、明代的成化斗彩瓷器、清代的雍正瓷胎画珐琅彩瓷器，各擅胜场。

瓷胎画珐琅彩瓷器名动天下，不是浪得虚名。除了 2018 年苏富比春拍那件以 2.39 亿港元成交外，早在 2013 年著名古陶瓷鉴赏家翟健民就以 7 400 万竞得一只清康熙御制胭脂红地珐琅彩莲花图碗外，中国嘉德 2015 年秋拍一件珐琅彩小杯以 2 242 万人民币成交，2016 年佳士得香港秋拍一只珐琅彩胭脂红地梅竹纹小杯以 4 086 万港元成交，竞得人正是九哥，我在现场看着九哥举牌竞得的，他坐在我右前方，落槌价还没到图录 4 000 万港元的低估价。

我当即称赞九哥：“你真厉害，还没到底价就敲给你了。”

他笑一笑，扭头在我耳朵边悄悄地告诉我：“事前沟通过了。以后详细告诉你。”

可能读者会有疑问：为什么未达到拍卖底价也能成交？

是的，是会有这种情形的，但不多见。我也有过低于拍卖底价而成交的经历。

拍卖会上有些高价拍品，要特别的号牌才能参与竞价，不是谁都可以随便参加的。有多少人办了特别号牌，拍卖行是掌握的，对这些持有特别号牌的重要客户，拍卖行会重视他们的要求，当客户对某件拍品感兴趣，又希望降低起拍价时，拍卖行会根据当时市场情形和这件拍品是否多人关注等情况考虑客人的意见，有时会跟委托方沟通，征求委托方是否愿意降低起拍价。

珐琅彩胭脂红地梅竹纹小杯

2016 年佳士得香港秋拍成交价 4 086 万港元，由冯玮瑜好友韦九谷竞得。

冯玮瑜在佳士得预展上鉴赏珐琅彩胭脂红地梅竹纹小杯

当然这些一般只限于高价拍品，否则拍卖行怎忙得过来。这只珐琅彩小杯是数千万级别的拍品，具体怎样沟通不清楚，反正九哥是以4 086万港元成交的，那也是要真金白银给钱的。

有意思的是，当日他是拍卖公司的重要客户，而两年之后，他成为拍卖公司的重要推手。有人辞官归故里，有人漏夜赶科场，十年人事几番新。

真品的雍正瓷胎画珐琅美得动人心弦，令人如痴如醉，成为每一个瓷器收藏者的魂牵梦萦。但它那高昂的价格，又让许多人只敢有仰望的绮丽美梦。暗恋是美好的，它能让所有的幻想在脑海中统统变为可能。现实却很骨感，往往襄王有心，神女无意，爱而不得才是最珍贵的。

瓷胎画珐琅彩瓷器雍容华贵的气质，俏丽出众的容貌，让人求之而不得。西施怎样美丽，谁都不曾见过。珐琅彩怎么漂亮，却可一睹芳容。我曾亲自上手珐琅彩瓷器，一亲芳泽。这件民国隽品，固不及康雍真品，可也清丽脱俗，绝非庸脂俗粉。

此盘以珐琅彩绘花鸟图案，鸟儿灵动活泼，闲步于草地之上。牡丹灼灼盛放，雍容大方；翠竹修长，风姿挺拔。运用西方绘画技法，细腻精湛，百花吐艳，诸色俱备。构图疏密有致，别致清新，格调高雅。

传统工笔画法最大的毛病和弱点，也是最容易受人攻击和令人轻视的地方，就是他们的匠气和呆板；而珐琅彩采用西洋的透视画法，还原真实，高于真实，充满立体感和极佳的质感，甚至比真实还要美得多，是大清盛世最为华丽的风景。民国仿品是对过往美好的一种追寻。

上海匡时之行结束后，不几天我又转战北京。这年北京的嘉德秋拍因故推迟了拍卖时间，刚好跟保利秋拍同时开拍，两家各争风骚的中国拍卖巨头，

民国瓷胎画珐琅彩盘局部

同时角力，硝烟弥漫。对于藏家来说，以往要跑两趟参加拍卖活动的，这次不用来回折腾两次了，可以在同一时间尽看两家巨头的拍品，节约了不少时间和精力，也是好事，所以大家都选择此时赴京参加拍卖会。

其他拍卖公司眼看着客似云来，齐聚京城，不用自己去各地招商，这是多么的时机啊！

京城的多家拍卖公司借此良机，也纷纷同时举办拍卖活动，多场拍卖会同时举办，一时之间，群贤毕至，老少咸集，人潮如鲫，热闹非凡，这一周成为北京的超级拍卖周。

紫陌红尘拂面来，一日看尽长安花，腰酸腿痛眼又花。

我到了北京后，诚轩拍卖公司瓷器部刘刚总经理特地向我推介，他们在本场收到一件无款的明代黄釉盘，拍卖行断代为“永乐”，引起了市场的极大关注，因为从未有过明永乐年间的黄釉器出现在拍场上。知道我对明清御窑黄釉瓷器进行系列收藏，所以特向我推荐。除了刘总外，佳趣雅集理事张志大哥也向我推荐。

诚轩拍卖虽说是二线拍卖公司，可它是二线里领头者之一。近年也出过不少好东西。刘总是我多年的师友，为人实在，我每次去看预展他总是全程陪同，对我感兴趣的拍品，他总是知无不言。我们时常探讨拍品，亦师亦友。

诚轩拍卖瓷器部总经理刘刚（右）与冯玮瑜合影

永乐年间的黄釉瓷器标准件我是上手过的。两个月前，我和景德镇市考古研究所联合在景德镇中国陶瓷博物馆举办了“黄承天德——明清御窑黄釉瓷器珍品展”。景德镇市考古研究所为此次展览提供了两件出土的永乐黄釉瓷器残件作为展品。从布展到撤展，我反复多次上手，印象深刻。

永乐的黄釉瓷器完整器，两岸故宫都没有，英国大维德基金会存有二盘，香港敏求精舍会员清响楼严颖先生存有一盘。

冯玮瑜在“黄承天德——明清御窑黄釉瓷器珍品展”开幕式发表讲话

因为永乐黄釉盘数量稀少，所以这些从御窑厂遗址考古发掘出来永乐黄釉器残件，弥足珍贵，即使作为景德镇御窑博物院器物部主任的肖鹏先生都没见过，也是借这次展览才能上手一见。我和肖主任两人还拿着瓷片比对，互相探讨永乐黄釉瓷器的特征。

景德镇御窑博物院器物部主任肖鹏先生（左）与冯玮瑜合影

景德镇市陶瓷考古研究所的江建新所长也对我说：在永乐地层发现的御窑黄釉瓷器残件非常少，缺件太多，拼接不成整器，也难以修复。

藏家中能够亲自上手鉴赏过御窑厂遗址出土的永乐御窑黄釉标本的恐怕没几人，不客气地说，在参加这次拍卖的藏家当中，除了我没有一个人上手过。

当我上手诚轩这只黄釉盘，与景德镇市陶瓷考古研究所藏的永乐标本对比发现，二者存在较大差异。永乐时期的生产品质是否不同？在未有更多证据前不能武断，毕竟永乐黄釉瓷器太少见了，我觉得应竞拍回来进行研究。

冯玮瑜在香港艺术馆欣赏香港清响楼藏永乐黄釉盘

拍卖图录定为“永乐”，这可是拍场上从未出现过的永乐御窑黄釉瓷器，虽然是有几处修补，仍引来众多藏家举牌竞拍，我当然不甘人后。拍品由 20 万起拍，到了 100 万后，参与竞价的就不多了，到 150 万就只有我了。当拍卖师喊最后一次准备下槌时，窃以为这件拍品成功竞得在望。不料在这最后一刻，又有新买家加入竞价。我扭头一看，新买家竟然是九哥！他不是已被匡时招安了吗？怎么还跑到这江湖里来争短长？难道他也想做研究吗？

九哥出价155万，我想他可能不知道是我举牌的。

我拿着牌子站起来，走到拍卖大厅过道上，先举牌出价160万。然后向他点头一笑，又指一下我，提醒九哥是我在举牌呢。九哥看着我也点点头，意思是知道了。我也报以会心微笑：还是有熟人好啊，彼此相识，有话好好说。

“165万。”拍卖师又报出新价。

啊？我吃一惊，再扭头一看，九哥高举的牌还没有放下。咋搞的，他明明知道是我呀。我等了一下，九哥并没有示意举错了，等到拍卖师最后一次叫价准备落槌时，我赶紧举牌报价：“170万。”

我盯着九哥，这时，他不再看我了，对拍卖师点点头，拍卖师心领神会，马上喊出：“175万。”

好哇！目视眈眈，其欲逐逐，“谁是我们的敌人，谁是我们的朋友，这个问题是革命的首要问题。”毛主席是这样教导我们的。关键时刻图穷匕见，他隐藏得真深啊！

无论我是拖慢竞价节奏，等最后一刻才举牌，还是一下子加价几十万……不管我使出什么招数，九哥都不为所动，他是大行家，有什么不懂的！他就是不放手，脑袋像机器人似的继续点个不停，价格一口一口地加上去，真邪乎！

满场看得目瞪口呆，虽然价格不是很高，但拍卖场很久没上演过这么精彩、这么拼命的面对面拼杀了，大家屏住呼吸，观看龙争虎斗。

小女遇大侠，峨眉对武当，华山论剑，巅峰对决。我跟九哥互斫相斗，刀光剑影，你来我往，招招见血，拼的都是人民币啊！

……

“275 万。”我又报出新价。

略为停顿一下，九哥继续把头一点，“280 万。”

我思忖了一下：我可以为一只明成化黄釉瓷盘举牌竞价至前一口高价，但那是在苏富比上拍的琶金顿旧藏，有清晰流传记录，而这只黄釉盘欠缺来源，又有瑕疵，我竞拍目的只是拍下来研究，并非为争一时之气，由 20 万起拍拼至 280 万，这样的价格已超过了心中预设价位。

毒蛇缠手，壮士断腕。我是理智的人，就此放弃。该盘终由九哥竞得，赢得满场长久掌声，我也为九哥鼓掌。

这件刚拍完，我转身离开拍卖大厅，刚走到大厅门口，九哥已急匆匆地追了出来，他追出来干什么？难道又是像慈善拍卖那样赢了之后又拍下来送给我吗？——不可能的！这是几百万的拍品。

九哥追出来拉住我说：“对不起啊！我是代人举牌，没办法啊！”

“没关系，价高者得嘛。”我嘴上说得洒脱，心底还是悻悻的。

九哥又说：“我的委托人非要不可，说即使是 500 万，也得要拿下！”

嗐！九哥真是把我当成三岁小孩了，故意说个远超成交价的大金额，让我没遗憾，我也在商场滚打多年，什么没见过。

第二天，我见到张志大哥，对他说：“诚轩那只黄釉盘我没争到！”

“啊？谁那么大胆子跟你争呀？”他有点愕然。

“不就是九哥嘛。”

“啊？他真混蛋！”张志一脸不可思议的表情，继而跺着脚遗憾地说：

“可惜昨天我先走了，要不然我跟他说说，他可能不知道是你。”

“哪儿呀！150 万后就是我们两个在争了，他乌鸡眼一样盯住我。”

“啊！”张大哥惊愕地张大嘴巴：“那，那你为什么不揍他？”

“对呀！就想揍他！”张大哥一句话，撩得我无名火起三千丈，恨不得把拿在手上的大鏊一扔，撸起袖子、抡起粉拳就去揍他一顿。

“那小白脸，欠揍！”黑塔大汉般的张大哥大义凛然地说。

有这黑塔般的燕赵大汉打抱不平为我撑腰，难道我这广州西关小姐就不敢揍那杭州白脸书生吗？

“铃铃铃”一阵手机铃声打断了我和张大哥的对话。一看号码是陌生，来电显示是上海地区的。“你好，谁呀？”

“我是上海匡时拍卖公司财务，你在我们公司竞得一件拍品，什么时候方便来结账？”一听就让人来气，还不是专门去捧他们场的吗？才几天就像追债鬼似的。“去，找九哥去，让他给钱，他钱多得在北京乱撒呢！”我气哼哼地挂断电话。

佳趣雅集理事张志（右）与冯玮瑜合影

晚上八点，保利拍卖的“瑰丽如茵”夜场就要开拍了，我提前入场，在拍卖大厅里又碰到了九哥，这时气已消了大半，且在保利的场子里不好动手闹事，打赢 110，打输 120。我遂正告他："不只我，还有人像我一样想揍你一顿，你以后小心点。"

九哥马上点头哈腰、装模作样地说："我保证不跟你争，你放心，你举牌我就坚决不举了。"嗐，又来了，他真会装呀，又来这句，真是九哥金句！亏他还好意思说，昨天下午才拦路抢劫，现在又大言不惭，怪不得张志说要揍他！

当年大收藏家张宗宪和旅英华侨、牛津大学教授李艾琛博士为争一只豇豆红太白尊，在伦敦佳士得拍场上拼得火花四溅，日月无光，终为李艾琛以 2.3 万英镑夺得。拍卖结束后，两人恰巧在门口相遇，怒目圆睁，互相指责，骂着骂着就摩拳擦掌，挥拳相向，两人正要干上一架时，硬被旁人拉开了。

中国艺术品收藏家张宗宪先生（左）与冯玮瑜合影

张宗宪先生数十年里，在世界各地不遗余力地收藏中国瓷器和中国字画，在世界文物收藏圈内受到普遍敬重。

想想挺遗憾的，当年就不该拉开。如果我在现场，一定鼓动三寸不烂之舌撺掇他们火拼，看看平日衣冠楚楚、一派绅士风度的两大藏家你拉我扯，拳打脚踢，互相揍个鼻青脸肿，那是多么有趣！为争拍品打架固然有失斯文，不过，或会成为收藏史上的美谈也说不定。

场上拼资金，场下拼老命。当年让两大藏家争个你死我活的豇豆红目前市场价还在 200 万 ~ 300 万间徘徊。而同场上拍的一只珐琅彩锦鸡牡丹双耳小瓶当日成交价只有 1.6 万英镑——两人都没看上这件。时移世易，当年双方都看不上眼的珐琅彩小瓶，在 2005 年再次出现在拍场时，被香港永宝斋主人、著名中国古陶瓷鉴赏家翟健民先生以 1.1548 亿港元为他的客户竞得，刷新了当时全球清代瓷器最高拍卖价，并改写了当时亚洲单件艺术品的拍卖最高价。

风水轮流转，世事无绝对。今天为了这只明早期的黄釉盘跟九哥过招，以后在拍场上一定还有与九哥一争高下的时候，这个白脸男子是否又说“绝对不举了”？——绝对不会！

著名中国古陶瓷鉴赏家翟健民先生（左）和冯玮瑜合影

晚上 11 点多，张志大哥在朋友圈里发动态：“有人深夜硬是不走，闹着哭着，非得我生意开张不可。”我一看照片，不就是九哥吗？张大哥下午不是还义愤填膺地说要帮我揍他吗？晚上俩人就买卖做成了。哈哈，收藏这个江湖啊！这些人呐！哈哈……

不出数月，江湖传言，九哥离开上海匡时恢复自由身了，少年弟子江湖老。我在 2018 年春拍期间碰见过他多次，每次他都匆匆忙忙的。我觉得这才符合他的性情，这样的日子他会过得更舒心，愿你归来，仍是少年。

2018 年 6 月 20 日的北京保利拍卖夜场“什袭之藏——马钱特九秩晋三甄选清瓷御窑隽品”专场，九哥果真又跟我争过同一件拍品，可惜我们两人都没能竞得。九哥在拍卖厅门口还挺遗憾地对我说：“你真有眼光，那东西多好啊！我虽然没举到，可你应该再多举几口价，你是藏家呀。”

幸亏他没有“再也不举”，我就放心了，拍场的游戏规则是公平竞争，价高者得。想想这么多年里，我们连坐在一起吃饭也只有寥寥数次，可每当想到他一拍一送的情义，心里就暖暖的；虽然他当日跟我竞价时绝不容情，而我内心的抱怨早已烟消云散；想到他重出江湖，依旧纵横拍场，真为他活出自我而高兴。

江湖事，江湖了，场上是对手，场下是朋友，哪有什么化不开的怨恨呢，四海之内皆兄弟也。劫尽余波兄弟在，相逢一笑泯恩仇，我跟九哥毫无芥蒂，依旧是好朋友。

这只民国瓷胎画珐琅花鸟诗文盘，据匡时图录上说在日本收藏家田路周一的旧藏，在他的《清代乃瓷器》里有著录。

我托文玮兄帮买一本，文玮兄说：“这本书上次拍卖已经 8 000 元，但我这本是从日本找回来的，价钱不贵，就送给您，不要钱。”

2017 年 12 月 31 日，也是 2017 年最后的一天，文玮兄送我的书快递

赠送《清代乃瓷器》给冯玮瑜的文玮先生（左）与冯玮瑜在自得堂合影

《清代乃瓷器》中的民国瓷胎画珐琅花鸟诗文盘

到了，我迫不及待翻开书本，见图版31，赫然就是这只小盘。著录说此盘是雍正时期的。

啊！雍正的？我心如鹿撞，一阵暗喜：如果真是雍正的，那就是一件雍正珐琅彩啊！苏富比和保利刚刚拍过雍正的珐琅彩瓷器，那都是数千万甚至上亿的，难道我家祖坟冒青烟了？

我闭上眼睛，平静一下，再冷静思考：此盘我上手多遍，应该不会看错，彩是珐琅彩，盘是民国盘。可田路周一说是雍正的，可能吗？雍正瓷胎画珐琅目前是数千万甚至上亿的价格，这件拍卖会上的公开拍卖的拍品，那么多行家藏家目光如炬，有漏都让别人马上补漏了，怎会才以区区35万成交？

我打电话向曾留学日本的金立言博士了解田路周一的情况。金博士是日本庆应大学艺术史博士，曾任香港佳士得、中国嘉德瓷器部专家。迄今为止，已发表多篇陶瓷研究论文，也主编了多部陶瓷典籍，是著名的独立学者。

著名独立学者金立言博士（左）与冯玮瑜在故宫鉴赏康熙万寿尊

金博士回复我："田路周一是日本民间收藏爱好者，他的收藏玉石混杂，既有很好的，也有不够年份的。有几件是非常好的东西，比如现入藏在浙江一个重要的藏家手里的雍正粉彩大桃碗、青花釉里红的云龙梅瓶。他的旧藏要具体东西具体看，里面当然也不乏好东西。"

我把图片发过去，金博士问："是上海匡时拍卖这件吗？你买了？"

"是的。"

"非常不错！"

"田路周一在书上说它是雍正的，匡时图录说是民国的，我看也是民国的珐琅彩。"

“确实是民国的，此盘我很清楚，因为就是我从日本收回来的。”

“啊？”我吃了一惊：“是你送拍的？”

“不是，它是当年我还在嘉德工作时，代表嘉德在日本征集回来上拍的，是我经手的。”金博士说。

“是你亲自在田路周一手上征集的？”

金博士哈哈大笑：“我是从日本征集，但不是从田路周一手上征集，他已去世二十多年了，其藏品早就散佚了。”

我讪讪地笑着，真不清楚日本这个藏家田路周一。金博士是留日博士，他懂得多是理所当然的，博士嘛，文雅的说法就是“手未尝释卷，博学无所不通，谈论英发，听者忘倦”。通俗的说法不就是博闻强记、见识高颖、事事知晓的百事通吗！

原来这只民国瓷胎画珐琅花鸟诗文盘曾在嘉德上拍过。

“中国嘉德拍卖时，我的电话委托举到前一口。”金博士继续说。

“嘉德是什么时候上拍的？当时是什么价成交？”我刨根问底。

“上拍时间要查查，成交价大概20万左右吧。”

“我在国时是30万下槌，35万成交。不便宜啊。”

“这个盘子做工非常好，是民国精品。我刚刚展完的‘窑火丹青’展品里不也有一只日本回流的民国珐琅彩盘吗，画的是黄菊，虽然与这只花卉不一样，但都特别精美。其实民国珐琅彩精品的工艺水平和艺术性非常高，当时社会动荡，工匠水平参差不齐，仿品水平也高低之别，可惜时下人们对民国珐琅彩认识还不深。以后有机会我们合作一起展览，让人们见识民国珐琅彩的成就。”

“好哇，一言为定。”

这只田路周一旧藏的民国瓷胎画珐琅花鸟诗文盘仿制精湛，布局章法取自中国国画，融诗、书、画、印于一体，以俊美娟秀的小楷诗句补白，这种明亮清新、淡雅滋润的珐琅彩釉色给人一种清纯、自然的美感，体现了极高的美学与工艺水平。

真正的雍正珐琅彩盘，市场上可要几千万以上，这只民国仿雍正，跟雍正真品的当然是没法比拟。王羲之的传世书法，已随唐太宗入葬昭陵而绝迹人世间，旧摹本也被乾隆皇帝收进“三希堂”，一件摹本《平安帖》于2010年在嘉德拍至3.08亿元，可见物以稀为贵，精美仿品还是有价值的。雍正御制瓷胎画珐琅当然在市场上仍有流传，那是“沉鱼落雁”般的美人，是属于别人的；民国的精品，只能算是小家碧玉，可以聊以自慰。

想不到这只民国瓷胎画珐琅花鸟诗文盘，在流传过程中还有那么多的故事，从日本回流，有嘉德、匡时的拍卖记录，还有日本田路周一的图录。

金博士稍后帮我查了中国嘉德拍卖的情况，原来它是在中国嘉德2011年春季拍卖会“明清瓷器集珍”上拍过，编号为4171。当时的成交价为人民币19.5万元。

可能会有人问：“一只民国盘值不值35万元的价？”我是这样看的：第一，一件当代国大师的作品，前些年动辄百多万，虽然现在价格有所回落，仍然要数十万元，以画工而论，此盘描摹细腻生动，丝毫不输于当代国大师，现在能静下心来，画得如此精细者当不多见；第二，民国到现在也百年了，以工艺而论，此盘胎薄如纸，轻若无骨，吹弹可破，历经百年还保存得这样完好，难能可贵。即使当代借助机械生产也不能轻易制造，更遑论当年手工拉坯制作了；第三，我是专门去捧九哥场的，碰到了一件画面清丽脱俗，画工极其细腻的瓷胎画珐琅，即使是价高了，就当捧个大场。

说实在话，我对此盘的价格真不介意，我也真不晓得民国仿雍正瓷胎画珐琅现在市场是什么价。瓷器收藏界有分收藏高古瓷、明清瓷、民国瓷和“五六七瓷”的，我不是收藏民国瓷圈子里的人，这属于跨界了。自己喜欢，贵或不贵都没关系，我又不是拿来做买卖的。

玮瑜说瓷

“五六七瓷”是一个泛称，泛指20世纪50、60、70年代这个特定的历史时期内景德镇各家国营瓷器厂生产的各种生活用瓷和装饰用瓷，统称五六七瓷器。当时在景德镇一共有十四家国营瓷器厂，每一个厂家所用的底款都是一样的，因而在划分分类的时候，这些瓷器都被划分到五六七瓷器中，成为新中国时期瓷器的一个时代见证。在这段时间里，出现了一批成就卓越的陶瓷大师，这些大师手艺精湛、制作成熟，有很多佳作面世。

2017年12月31日晚上是新年之夜，之前每年我都会去广州大剧院听新年音乐会。今年有了小小的变化，改为30日在广州大剧院听新年音乐会，31日去海心沙亚运公园里亚运会开幕式表演场馆看“一起嗨一把·2018广州超级跨年晚会”。因为广州大剧院的新年音乐会是交响乐，听众较严肃和彬彬有礼；而海心沙的流行音乐会则热情奔放，年轻人居多。大家一起新年倒数，以轻松激越的心态辞旧迎新。

晚上十一点半，“一起嗨一把·2018广州超级跨年晚会”正进行得激情澎湃，渐入高潮，还有半小时就要跨入新的一年了。这时，电话突然震动

冯玮瑜在广州大剧院听新年音乐会

“一起嗨一把 · 2018 广州超级跨年晚会”现场

不停，是金博士的来电，他跟我继续探讨民国瓷胎画珐琅彩的学术问题。大过年的，金博士怎么不呷着清酒，搂着日本太太，围坐看“日本红白歌唱大赛”，反倒跟起我谈学术来了。

在这个告别 2017 年，迎接 2018 年的时刻，我左耳听着舞台高歌，右耳听金博士滔滔宏论——真是一种全新的体验！时空交错，如梦如幻，新歌动听，宏论入耳，旧物与新篇，学术与世俗，收官与开局，汇聚于斯。

舞台上在劲歌热舞，随着澎湃的节奏舞台上光影变幻，看着远处广州地标小蛮腰霓虹灯璀璨闪耀，听着金博士的真知灼见，想着过去一年经历的种种故事，心潮逐浪高。

数风流人物，还看今朝。

时光荏苒，岁月如梭，风云激荡的 2018 年一眨眼就过去了。

2019 年元旦刚过，金博士又

来电话了："今年佳趣雅集又举办大展，主题是日本山中商会或日本名家旧藏的精品，你藏有来源于山中商会旧藏和其他日本名家旧藏的官窑器，希望能参展。另外，你那只田路周一旧藏的珐琅彩盘，也要参展呀。"

果然是英姿达识，强记博闻，金博士还记得我们之间的君子之约。念念不忘，必有回响。

君子一言，快马一鞭。这只民国瓷胎画珐琅花鸟诗文盘被我送到佳趣雅集参展，还是张志大哥签收的。

张志（右）和冯玮瑜在交收送佳趣雅集参展的民国珐琅彩瓷盘

好事多磨，金博士主编的《东瀛遗珠——山中商会及日本旧藏名窑瓷器》率先在2020年4月出版发行，而"东瀛遗珠——2019年度佳趣雅集专题展览"却因新冠疫情几经周折，还迟迟未能开展。

两只曾经流浪到东瀛又回归中土的民国瓷胎画珐琅彩盘终于相聚了，

可惜却相聚在幽深的仓库，不能亮相人前。

“沧海一声笑，滔滔两岸潮……红尘俗世几多娇。”

翘首以盼，筹备了三年的“东瀛遗珠——山中商会及日本旧藏名窑瓷器”于 2021 年 6 月在北京盛大开幕，冠盖云集，盛况空前，日本的 NHK 电视台也赶来现场拍摄，在一众媒体当中，这支外国媒体特别抢眼。NHK 电视台来中国跟踪拍摄佳趣雅集活动已有大半年了，这只从日本回流中国的民国瓷胎画珐琅花鸟诗文盘也进入了镜头，与金博士的菊花盘终于聚首，同时亮相，羡煞旁人。

“北阙南山是故乡，两枝仙桂一时芳。”（杜牧《赠终南兰若僧》）

两只民国珐琅彩盘几经周折后，在“东瀛遗珠——山中商会及日本旧藏名窑瓷器”联袂展出

长达90分钟的纪录片《清朝秘宝——100年的变迁》于2022年3月5日东京时间19时30分在日本NHK电视台播出。这只曾经流落在日本，被日本著名藏家误认为是雍正珐琅彩的民国瓷胎画珐琅彩花鸟诗文盘，在日本电视屏幕上流光溢彩，拍摄队的松田导演还告诉我它的故事感动了不少屏幕前的日本人。

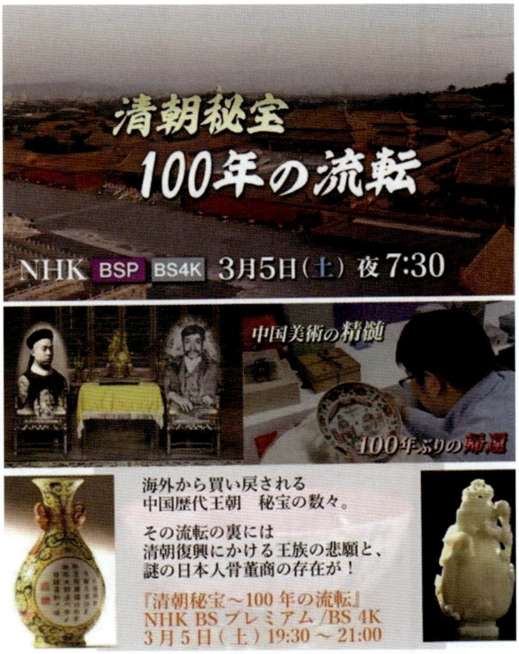

纪录片《清朝秘宝——100年的变迁》

纪录片以国内著名收藏团体“佳趣雅集”的拍摄访问为主线，生动地呈现出了当下国家所提倡的“让文物活起来”的文化使命。

在此会员藏品展览开幕之际，众多佳趣雅集会员齐聚一堂，大家围坐一起，兴高采烈地推选会长。因为会员们觉得佳趣雅集成立这些年来，发展不错，双年展也做过三次了，可一直没有会长，现在雅集的影响力越来越大，连国外都关注上了，是时候推选一位会长出来带领佳趣雅集更上一层楼。

万万没想到，他们竟然推选我为首任会长，论资历，他们比我资深很多；论成就，他们中许多人已是行业翘楚……我没想到众人竟会推举我当会长，而且是首任。想我“身不得，男儿列。心却比，男儿烈！算平生肝胆，因人常热”（秋瑾《满江红·小住京华》），既然蒙众人推举信任，力推不掉，我就慨然应诺，担上重任。有众多师友支持，我定当竭尽全力，力争把佳趣雅集办得更好，使之影响力更大。

王刚老师把红彤彤的会长证书颁发给我，这是浓浓的信任和重重的责任。

任重道远，行而不辍，未来可期。

长风破浪会有时，直挂云帆济沧海。（李白《行路难·其一》）

荣誉会长王刚为冯玮瑜颁发“佳趣雅集”会长证书

日本 NHK 电视台在纪录片中跟踪拍摄冯玮瑜

玮瑜谈收藏与理财

控制风险，做理性投资者

不管理性与否，恐惧都是令人痛苦且身心俱疲的。

2002年诺贝尔经济学奖获得者　丹尼尔·卡尼曼

上海匡时拍卖专场推出起拍价2万的民国仿珐琅彩盘，我原本以为可以捡漏，没想到价格越举越高。30万已经是我的出价极限，再高就超出我的设定价，我就会放弃，幸亏竞争者首先放弃，我才能竞得。

器物入藏，遇到心仪之物时，最担心是自己被拍场气氛影响而不能理性出价，所以要提前做好预设价格，学会控制风险，不要因为一时冲动做出非理智的举动，如果以超过预设价过多的价格拍下一件器物，过后很容易出现得不偿失的后悔心理。

1979年，美国普林斯顿大学心理学教授丹尼尔·卡尼曼和阿莫斯·特沃斯基提出了“前景理论”，把心理学研究和经济学研究结合在一起，认为基于参考点不同，就会有不同的风险态度。厌恶损失就是前景理论的重要概念之一。厌恶损失通俗来说就是对避免损失有一种强烈的偏好，不赔钱比赚钱更重要。

假设抛一枚均匀的硬币，出现正面赢100元，反面则输100元。从概率上来说，出现正反面的可能性相同，游戏很公平。但大量类似实验结果表明，多数人不愿意玩这个游戏。为什么会出现这个情况呢？因为人们对亏损比赚钱更敏感，亏损的痛苦感大大超过盈利的快乐感。卡尼曼认为面对同样数量的收益和亏损时，亏损更加令人们难以忍受，同量的亏损带来的负效用为同量收益的正效用的2.5倍。

投资过程中，因为亏损的痛苦会让盈利的快感大打折扣，一旦你经历过那种痛苦，就会明白那种亏损产生的巨大杀伤力。为了保证我们在投资决策上的理性，有专家建议人们任何一笔投资不要超过自己全部资产的10%，这可以让自己的痛苦最小化。

在进行资产配置后，我们为了维持投资组合的固定比例，往往愿意出售获利的资产，而保留亏损的资产。虽然说，价值回归迟早会发生，但如果我们过早抛掉获利资产，在未来2～3年的时间里，大多数被抛掉的获利资产的业绩仍然明显好于被持有的亏损资产。这就是一个运行趋势，趋势一旦形成，就会持续一段时间。但大部分人因为对损失的恐惧会卖掉获利资产，保留亏损的资产，促成我们这样做决策的就是厌恶损失心理。

为了做出合理投资，我们要经常权衡，到底是我们判断正确带来的收益重要，还是判断错误带来的亏损更可怕。

04

第4章 胭脂淡伫百媚生

一只马钱特旧藏清雍正胭脂水釉菊瓣盘入藏记

在时间流变中沉淀记忆，

在无常中追求永恒，

以精致诠释盛大，

绽放着灿烂与骄傲。

藏品名称	清雍正胭脂水釉菊瓣盘
年代	清雍正
款识	“大清雍正年制”六字二行青花楷书款
尺寸	直径 16.1 厘米
来源	柏知尼旧藏　托马斯迪旧藏　马钱特旧藏 保利拍卖 2018 年 6 月 20 日“什袭之藏——马钱特九秩晋三甄选清瓷御窑隽品”编号 5894
著录	《五色祥云——自得堂藏宋元明清单色釉瓷器》第 68 页，广东省博物馆 2021 年 《保利拍卖十五周年精品集》第 218 页，图 265，保利艺术研究院 2020 年
展览	广东省博物馆“五色祥云——自得堂藏宋元明清单色釉瓷器特展”2018 年 7 月 28 日至 2018 年 8 月 28 日

冯玮瑜藏瓷精选

此盘撷取秋菊花朵之形，呈二十四瓣菊瓣状，盘壁弧形，底施白釉，青花双圈内署“大清雍正年制”六字青花楷书款，端庄大气，丽质非凡。无论胎质、釉色、造型、意蕴，皆堪称一代美学经典。最引人入胜之处，便是该盘内外壁均敷施娇嫩的胭脂水釉，釉色妩媚，如云霞缭绕般的眩目，仿似一缕如水柔情，袅袅婷婷，任是无言也动人。云山珠水，楚庭城里，秋水伊人，光风霁月。

2018 年 5 月 26 日至 29 日，一年一度的香港国际古玩展在香港会展中心举办。近十年来，香港国际古玩展已经成为行业盛事之一，更是全亚洲唯一汇聚 70 多家来自世界各地古董商及精彩臻品的展览。古玩展特意选在与香港苏富比春拍同时举办，且苏富比春拍也同样是在香港会展中心举办。同一个地方，既可看苏富比预展，又可逛古玩展，方便了众多藏友。

应 CA 书友会的邀请，我在香港国际古玩展上举办新作《藏富密码》香港新书发布会和《你所不知道的中国收藏》签售会，现场很多观众驻足围观。五月的香港，骄阳似火，但读者的热情，比气温更高涨。现场惊喜不断，收藏界和拍卖界的名人不断到现场光临指导。

英国著名古董商马钱特（Marchant）先生也来到签售会现场，与我面对面交流。

马钱特先生一边翻看我的拙作《你所不知道的中国收藏》和《藏富密码》，一边说：“这一件原来是我的……这一件原来也是我的。”

冯玮瑜《藏富密码》香港新书发布会、《你所不知道的中国收藏》签售会

英国著名古董商马钱特（左）与冯玮瑜合影

冯玮瑜多件藏品的前主人马钱特先生，因缘际会，现身冯玮瑜新书签售会。

原来我在书里提到自己所收藏的藏品，有数件都曾是马钱特先生的旧藏，真是有缘分啊。器物依旧，而它的主人已由金发蓝眼的西方面孔变为黑头发、黄皮肤龙的传人。

藏品的新旧主人不期而遇，意外相聚。我们聊起藏品，交谈甚欢，说到兴奋之处，马钱特先生笑着说：“你以后别去拍卖行买东西了，来我们马钱特买就行了。”哈哈，这英国古董商真够幽默的，真会做生意啊。

我把《你所不知道的中国收藏》和《藏富密码》各送了一本签名版给他，他非常高兴，看得出马钱特先生对中国古董的热爱和对中国文化的尊重。

一个多月后，2018年北京春拍，没想到在北京又见到马钱特先生旧藏了，这次不是一件，而是一批。北京保利拍卖公司组织了一个马钱特先生旧藏专场拍卖，这是首次有境外古董商在国内以专场形式上拍藏品，开了国内拍卖业界的先河。据了解，这个专场拍品有些是马钱特自己的，有些是马钱特已卖出去，又由马钱特先生征集回来，组织成为专场。这个拍卖专场就是“什袭之藏——马钱特九秩晋三甄选清瓷御窑隽品”专场。

马钱特先生一家三代四口特意在图录上签名送给我留念，注意，是一个家族三代四口人同时签名啊！这是发生在一个中国藏家和一个英国古董商之间的故事。我签名送给他书，他也签名送给我图录，子曰：“来而不往非礼也”，莫非外国人也懂这个？

“九秩晋三”的意思是指马钱特祖孙四代创立的英国著名古董店从1925年创店起至今已达93年了。《周易·乾》第三爻爻辞曰：“九三，君子终日乾乾，夕惕若厉，无咎。”意思是君子整天自强不息，勤勉不懈，晚上还时刻保持警惕。

马钱特一家三代四人合影及其在赠冯玮瑜图录上的签名

这个专场名称真棒！想必不是马钱特这个外国人能想得出来的。为这个专场起名的真是个天才啊！以易经的一句爻辞来形容一个外国家族企业四代人 93 年来对中国古董的汲汲以求，再贴切不过了，真真让人拍案叫绝。

1925 年，塞缪尔·悉尼·马钱特（Samuel Sydney Marchant）先生创立了马钱特公司。1936 年，他的儿子出生，喜出望外的他将店名改为 S.Marchant & Son，连公司名称都改为“马钱特和儿子”，可见老马钱特对儿子的期望。他的儿子 Richard Marchant 长大后果然不负所望，接掌家业，发扬光大。老马钱特的孙子在伦敦佳士得和另一家知名古董店学习 5 年后也回到家族公司助力祖业。经三代人的不懈努力，马钱特公司成为西方知名的古董店，有口皆碑，代表着“珍贵”和“品质”。到 2009 年，随着第四代的加入，公司又重新恢复店名为 Marchant。

“什袭之藏——马钱特九秩晋三甄选清瓷御窑隽品”专场，是首次有国际知名古商的旧藏以专场方式进入国内的拍卖市场，令人瞩目。对于这个专场，市场的评论一致认为：“东西不错，价钱很贵。”

藏家与行家不一样，藏家可以接受比市场价更高的拍品，而行家要考虑有利可图。人人叫好，个个喊贵的“什袭之藏——马钱特九秩晋三甄选清瓷御窑隽品”专场，拍卖结果却是成交价比估价更贵，悉数成交，没有流拍。真是没有最贵，只有更贵。这也可以看出收藏风气在变，那就是市场对来源更注重了。

早在2018年1月8日，我在接受《南方日报》的采访时，记者问我对2018年艺术品市场有什么看法。我当时就做出预测：“市场对器物流传有序更加重视。聚焦精品，关注来源会成为2018年的主流。”马钱特专场拍出“白手套”的好成绩，也印证了我年初对市场的判断。

■瓷器

广州市当代艺术研究院理事长、
玮瑜文化董事长冯玮瑜：

关注来源仍为2018年主流

2017年共有5件古瓷器在拍卖市场以过亿元成交，除了这五件明星拍品外，瓷器市场呈现回暖迹象，特别是下半年表现得尤为明显。市场的开始回暖，体现在新进的藏家明显增多，老藏家也逐渐由观望转向上场竞价，参与古瓷器市场的人数明显增加。但市场并非普涨，而是精品价格越走越高，普品越发停滞，市场明显向精品聚焦。这是市场的新趋势。另外，名家旧藏和有良好递藏记录的瓷器越发受市场追捧，名家旧藏专场拍卖往往成为白手套专场，而且大多高价成交。这说明市场对器物流传有序更加重视。可以预见，聚焦精品，关注来源仍会成为2018年的主流。

《投资周刊》A11《关注来源仍为2018年的主流》

冯玮瑜在接受《南方日报》的采访时，对2018年艺术品市场做出预测。

在预展场内，保利拍卖中国古董珍玩部高级业务经理翟昊天先生为我预留了展场内鉴赏拍品的贵宾房，让我在房内可免受打扰，专心鉴赏拍品。我早就约好中国古陶瓷鉴定名家黄少棠先生一起看预展，当然也一起鉴赏拍品。对于每件感兴趣的拍品，当拍卖公司工作人员送到房间里时，黄先生总让我先上手，待我看完后让我谈谈意见，我班门弄斧说完自己的浅见，然后黄先生才说自己的解读意见。关键往往在细微之处，黄先生每每一语中的，如醍醐灌顶，让我茅塞顿开，恍然大悟，这是手把手地指教啊！黄先生锦口绣心，让我受益良多。

这个专场最吸引我的是一只清雍正胭脂水釉菊瓣盘。该盘撷取秋菊花朵之形，呈二十四瓣菊瓣状，盘壁弧形，圈足上露出细润洁白的胎骨。底施白釉，青花双圈内署“大清雍正年制”六字青花楷书款，端庄大气，映衬出无比精良的胎骨。最引人入胜之处，是该盘内外壁均敷施娇嫩的胭脂水釉，釉色妩媚，胭脂似水，柔情脉脉，如云霞缭绕般的眩目。那一抹胭脂如梦如幻，仿似一缕柔情如水，让人怦然心动，一见倾心。

据《造办处各作成做活计清档·雍正记事杂录》雍正十一年记事录：“十二月二十七日，内务府总管年希尧家人郑天锡送来各色菊花式盘十二色呈览。奉旨：着江西烧造瓷器处，照此样各色烧造四十件。钦此。”可知单色釉菊瓣盘为雍正皇帝亲自授意景德镇御窑厂烧造。

去年在香港嘉德入藏一只柠檬黄釉菊瓣盘时，已经错过了同场另一只胭脂红釉的菊瓣盘（详见拙作《藏富密码》之“擢秀三秋”）。比起嘉德那只胭脂红釉盘，保利这只胭脂水釉盘更加娇嫩，更加淡雅，更加可人。

胭脂红釉与胭脂水釉有什么区别呢？直观上只是颜色有深浅之分；理论

冯玮瑜所藏的清雍正柠檬黄釉菊瓣盘

该只柠檬黄釉菊瓣盘呈菊花花瓣形，浅弧壁，圈足，施柠檬黄釉，修胎精细，胎体坚质细腻。

上则是“深者为红，浅者为水”；工艺上却是两者的釉料含金量不同，胭脂红含金量大约在万分之二，而胭脂水含金量大约在万分之一。

胭脂红釉是以黄金为着色剂的低温粉红釉彩的一种，为清宫色釉中最尊贵的品类之一，是瓷胎画珐琅的重要基本彩料。康熙末年从西方传入我国，故又称为洋红。因价格昂贵，康熙时只在珐琅彩上绘画使用，极少见纯以胭脂红釉作单色釉瓷器。连“普天之下，莫非王土”的封建皇帝都心疼价格昂贵，舍不得拿来做单色釉瓷器，可想而知当时进口胭脂红釉料昂贵到什么程度！

由于胭脂红釉色彩异常娇艳，让人爱不释手，清朝康熙、雍正两位皇帝锐意试制国产釉料以取代昂贵的进口釉料，终于在康熙晚期、雍正早期创烧成功，实现国产釉料替代进口釉料，解决了进口“洋红”价格昂贵的问题。虽然国产釉料也不便宜，但起码不像“洋红”那样贵得连皇帝都心疼。得益于国产化的成功，胭脂红釉于雍正、乾隆时期盛行，成为名贵的单色釉品种。

胭脂红釉瓷器全部都是官窑制品，至清末一直都有生产，但以雍正、乾隆时期所产最精美。

胭脂水釉以黄金为着色剂，用吹釉之法施釉，经 800 摄氏度低温烘烧而成，其色如仕女化妆所用之胭脂，故名胭脂水釉。因其配方为欧洲传入，故唐英《陶成纪事碑记》称其为“西洋红色器皿”，又因其釉色似盛开之玫瑰花、蔷薇花，故又有“玫瑰红”“蔷薇红”之称。

胭脂红釉与胭脂水釉的釉色虽只是略有深浅不同，但是给人的观感大不相同：一个是“人脸桃花相映红”（崔护《题都城南庄》），一个是“娉娉袅袅十三余”（杜牧《赠别二首》）。

清雍正胭脂水釉菊瓣盘

菊花隽美多姿，不以娇艳姿色取媚，却以素雅坚贞取胜。人们爱它的清秀神韵，更爱它凌霜独开，西风不落的一身傲骨。清雍正胭脂水釉菊瓣盘撷取秋菊花朵之形，呈二十四瓣菊瓣状，盘壁弧形，端庄婉约。

故宫资料显示，雍正御制诸色菊瓣盘的型式有两款，一款作四十四瓣，如故宫博物院藏一套十二色菊瓣盘，载于《故宫博物院藏清代御窑瓷器》，卷一(下册)，北京，2005年，第414 ～ 415页，图版194号；另又见一套雍正十二色菊瓣盘载于《故宫博物院藏文物珍品大系·颜色釉》第282页，图版257号。

另一款为二十四瓣，数量及釉色皆较少。目前所见有柠檬黄釉、粉青釉、甜白釉、松石绿釉、胭脂红釉等五种色釉，过往拍卖市场所见不过十余例。具体如下：

品类	数量	藏品来源
柠檬黄釉	3件	◎ 瑞士鲍尔珍藏一例，见 Chinese Ceramics in the Baur Collection，第三册，日内瓦，1972年，图版A486号 ◎ Alsdorf伉俪旧藏一例，于1997年9月23日纽约苏富比拍卖，拍品306号 ◎ 2000年6月6日伦敦佳士得拍卖一例，拍品384号
粉青釉	2件	2012年5月16日香港苏富比拍卖，拍品170号
甜白釉	3件	◎ “玫茵堂”藏品，载于《玫茵堂中国陶瓷》，伦敦，1994—2010年，第4集（下册），第320 ～ 321页，图版1781号 ◎ 1991年4月30日香港苏富比拍卖，拍品84号 ◎ 2007年10月9日香港苏富比拍卖，拍品1533号
松石绿釉	2件	1997年10月25日中国嘉德秋季拍卖会拍品0923号，国营文物商店旧藏
胭脂水釉	2件	◎ 美国新泽西州 RANNY SCHOOL 旧藏 ◎ 1989年6月2日纽约佳士得拍卖，拍品206号

二十四瓣菊花盘于雍正御瓷之中本属罕见之物，存世不多，而这只胭脂水釉菊瓣盘，水如凝脂，丽质非凡，无论胎质、釉色、造型、意蕴，皆堪称

一代美学经典，弥足珍贵！“什袭之藏”专场这一只极为珍罕的胭脂水釉菊瓣盘，来源清晰，品相完美，纪录完备，真是让人一见倾心。可我已藏有一只雍正二十四瓣白釉菊瓣盘和一只四十四瓣柠檬黄釉菊瓣盘，还继续入藏吗？

我盘算了一下：一而再，再而三。德不孤，必有邻。我的柠檬黄釉菊瓣盘是马钱特旧藏，这只胭脂水釉菊瓣盘也是马钱特旧藏，两者同一出处。倘若能将这只胭脂水釉菊瓣盘也入藏门下，可作锦上添花之雅趣，谁让它那么让人念念不忘呢。

抗日保台的爱国志士丘逢甲诗云：“卷土重来未可知，江山也要伟人持。”我本闺阁之辈，没有收拾山河的豪情胜慨，对此如胭脂淡伫般美物，心中暗自沉吟：“存二晋三未可知，名花应归美人持。”

既然一见钟情，那就不负初心，随心所动吧。马钱特是“九秩晋三”，我争取“存二晋三”。保利的“什袭之藏”专场，我抖擞精神，出战拍场，与众位豪士一争天下，同时有幸得黄少棠先生亲自陪伴，与我坐在一起，为我压阵。

金庸的武侠世界里，绝世高手通常都是神龙不见首尾，在江湖中名声如雷贯耳，却踪影难觅，更难见其一展武艺，演绎平生绝学。

黄少棠先生成名已久，是香港古董界“四大天王”之一。目鉴极高，为人却极为低调，许多人久闻其名，却极少见他现身拍场，这次突然出现，引起了很多同道中人的关注。他也悄悄对我说：“我已经多年没亲自来到拍卖现场了。”黄少棠先生是大行家，自然深受瞩目。

拍卖场上经常出现这种情况，某大藏家、大行家在现场举牌什么，别人

米黄釉菊瓣盘

葡萄紫釉盘

洒蓝釉盘

明黄釉菊瓣盘

酱釉盘

葱绿釉菊瓣盘

姜黄釉菊瓣盘

胭脂紫釉盘

湖绿釉菊瓣盘

柠檬黄釉菊瓣盘

白釉菊瓣盘

绿釉菊瓣盘

清雍正十二色菊瓣盘

黄釉的华丽、红釉的高贵、蓝釉的肃穆、胭脂水釉的妩媚、天蓝釉的静谧、粉青釉的精纯、秋葵绿釉的鲜嫩、洒蓝釉的飘忽神秘……清雍正十二色菊瓣盘集中国古代颜色釉瓷器之大成。

就会跟着举牌。大家知道他们眼光过人，他们想要的东西一定是好东西，顾不了那么多，撸起袖子抢吧。众人一争，结果大藏家、大行家也不一定能争得到。所以大多数的大藏家很少出现在拍卖会现场，那些过亿成交的拍品，往往是通过电话委托成交的，真正的买家常带有神秘的色彩，让市场浮想联翩。像我这样每场必到的，多只是爱好者。

这场拍卖会，黄先生不仅陪我看预展，为我传道、授业、解惑，拍卖时还亲到现场为我助阵，实时指点迷津，其情可感！三生有幸矣！我对这些年来帮助过自己的师友，心存感激，没齿难忘。“什袭之藏”专场里有几件拍品，我曾参与竞价，但当价格拼得较高时，黄先生在旁边就提醒我：这价已经较高了。让我冷静下来，但这只胭脂水菊瓣盘，虽然不停有人跟我竞价，但黄先生任由我使性出价，结果如愿以偿，以不菲的价格，捧得名品入家门。

名花终归美人持。一念起，繁华万世。

说起黄少棠先生，他名满江湖，圈内久闻其名。他却较少在公众场合露面，极为低调，这一点可能受其师傅陈玉阶先生影响，也可能是个性使然。我与黄先生相识多年，以我所见，黄先生非常热爱中国古董器物，除了瓷器，对古玉、杂项也极有心得。他平日总是沉浸于钻研这些器物中，疏于应酬，所以在公众场合较少露面。

闲暇之时，黄少棠先生常会独自一人静静上手器物，仔细欣赏，并研究分析其特征，其乐融融。我也有此好，只要有空暇，每每拿出藏品，灯下细赏，神交古人，心中快慰欣然，那种美妙的感觉，“恰如灯下，故人万里，归来对影。口不能言，心下快活自省”（黄庭坚《品令·茶词》）。

我感叹黄先生眼光精准，功力深厚，盛名之下依然孜孜不倦地研究。名师尚如此努力，我辈望尘莫及。黄先生就谦逊地说：“你只是把更多的精力用于做大生意，如果把全部精力投入研究古陶瓷，一定会有更大的成就。”其实，我哪有什么大生意呢！

人贵有自知之明，我唯有将勤补拙，把握机会多向名师请益。静水流深，在这个其兴也勃、其亡也忽的时代，一旦不学习，很快就被时代抛弃。

黄先生虽然是大行家，但身上没有什么行贾味，最令人尊敬的就是他为人正派。

玮瑜说瓷

行家：泛指从事该行业的人士，一般特指将对该行业非常内行或精通的人称为行家。

记得有一次在拍场预展，我见到一件元代枢府釉的瓷器，器物上也模印有“枢府”二字，但与常见的“枢”“府”两字对称印在器物内侧两边不一样，此盘的两字位置是不对称的。我便向黄先生请教。黄先生告诉我：“此盘确是元代‘枢府釉’瓷器无疑，但‘枢’‘府’两字不对称，甚为少见，值得研究。”连黄先生也说有研究价值，拍卖时我当然就参与竞价，但拍到较高价时，仍有一个号牌依旧不依不饶跟我在竞争，我扭头一看，是黄先生的高徒曹万里在跟我争。我一见是他举牌，心中马上明白：这是黄先生跟在我争。我马上退出竞价，让黄先生竞得。

事后，我对黄先生说：“那只枢府釉盘如果你想要，你告诉我就行，我就不参与了，你就不用出高那么多价。”

黄先生笑笑说："在你问我之前，我早就决定参与竞拍这一件了。既然你问到了，我就把我的看法如实告诉你，我不会因为自己想要，就故意说那件东西不好，让你不参与，然后自己去捡便宜，这有违我做人原则。拍品是怎么样的，我一定会如实说明自己的看法，至于自己能否拍到就看缘分了。这一件是这样，以后也是这样。"

窥斑见豹，见微知著。黄先生的人品真是可点可赞。这等高风亮节连我也做不到，我自己看中的东西，总希望越少人跟我竞争越好，越低价竞得越好，比起黄先生的境界，我自愧不如啊！

目鉴极高的大行家黄少棠先生（左）与冯玮瑜在香港明成馆欣赏清雍正胭脂水釉菊瓣盘

生活可以将就，也可以讲究。在温馨适宜的环境中，总能滋润出美好的心情，享受生活的乐趣，每个人都可以选择自己的生活方式。

我们在内地成长，虽然“生在红旗下，长在糖水里”，但小时候也经历过艰苦的日子。人们常说“吃在广州”，我自谓“入得厨房，出得厅堂”，随手烧几个小菜，也博得众人夸奖，可我对酒店的菜肴没有很高的追求，酸甜苦辣，随遇而安。而黄先生不同，食不厌精，脍不厌细，吃得讲究，过的是香港成功人士有品位的精致生活。

黄先生对吃是讲究的，无论是香港文化人扎堆的陆羽茶庄，还是衣冠楚楚的五星级酒店，以至一些不对外营业的高档私人会所，黄先生带我所去的每一个食府，所点的每一个菜式都很有特色，非常可口。服务员对黄先生也稔熟，黄先生饭后给服务员的小费从来都是500元、200元，非常大方。这些都是我亲眼见到的。可见黄先生对生活是有品味、有追求、懂人情世故的。

2020年10月19日晚，北京保利拍卖“禹贡”专场，领衔的一套康熙五彩十二月花神杯，以1.15亿元落槌、连佣金共人民币1.32亿元成交，荣登本年“最贵瓷器”宝座。这套花神杯，是1995年徐展堂私洽转让给黄先生，1997年通过纽约苏富比拍卖，由埃斯特纳齐掌眼，被北美十面灵璧山居主人入藏，当时黄先生是以三百多万元释出的。

黄少棠先生在欣赏康熙五彩十二月花神杯

拍卖过后，我跟黄先生谈过这套花神杯，他说：“很多人问我是否后悔？如果留到现在，值1个多亿了。其实，我一点也没后悔，因为当时 300 多万，也是很贵的了。我们做行家是做生意的，东西是要流转的，要不然哪有资金周转呢？”一语可见黄先生心胸之豁达。

以上的小故事是我亲身所见所闻。保利拍卖高级业务经理翟昊天的经历更有趣。他告诉我，他刚入职拍卖行业不久，有次在拍卖预展前几天，有人来库房看拍品。一般来说，能提前到库房看拍品的，都是有身份的人。他就打量一下，只见一个中年人在几个人的陪同下走了进来，中等身材，五官精致，头发乌黑，眼睛明亮，精神利索，说带着香港口音的普通话，言谈举止，彬彬有礼——那么俊俏，那么风度翩翩的男子，一定是港台的大明星了！因为也有明星喜欢收藏，来参加拍卖会的——翟昊天心想。

当来人走了以后，他忍不住问旁边的同事："这个明星叫什么名字呢？"

同事白了他一眼："你连他都不认识？"

小翟诚惶诚恐地说："我平常不怎么看电影演唱会，真不知道这位明星的名字。"

同事不屑地问："香港的徐展堂你知道不？"

"知道，大收藏家嘛。"

"香港的大富豪郭炳湘知道不？"

"知道，也是大收藏家嘛。"小翟连连点头。

"那香港竹月堂主人简永桢知道吗？"

"知道知道，都是非常出名的大收藏家。"

"那你知道是谁帮他们掌眼的吗？"

"这……可不太清楚。"小翟搔了搔头。

“就是刚才来看拍品的那个人。”

“啊！”小翟吃惊到合不拢嘴，“原来他不是大明星，是个大专家，那他是谁？”

“他叫黄少棠，著名的大行家。”

“哎哟，原来是比明星还牛的人哪！那、那他咋长得那么俊俏的呢？”

“香港人嘛，会保养，驻颜有术。你这小胖子也想保养当明星啊，得了，你跟他学学吧。”

结果，后来小翟还真拜了黄少棠先生为师，当然不是学保养容颜，而是学瓷器鉴定。

——这是翟昊天亲口对我说的。

一个人过着什么样的生活，看他的面相就一清二楚。

黄少棠（左）、翟昊天（右）师徒二人与冯玮瑜在广东省博物馆合影

有人的地方就有江湖，古董这一行，就像一个江湖，门派林立，每一个声音的背后，都代表着所属门派的立场和利益。人在江湖漂，哪有不挨刀的，但黄先生在圈内口碑很好，少有非议。可见黄先生除眼鉴过人外，还能以德服人，圈中翘楚当之无愧矣。

山有山的高度，水有水的深度。

记得在赶去竞拍这只胭脂水釉菊瓣盘的路上，我在四季酒店外的人行道上碰见知名收藏家马德光先生，他一个人边走边咧着嘴傻笑。傍晚时分在肃穆的古都北京街头见到这等“仰天傻笑出门去”的情景真是让人诧异，我连忙问他为什么这么高兴？他一见我，兴奋得手舞足蹈：“我刚刚在中贸圣佳拍到了康熙五彩花神杯，六月荷花的，一套凑齐了！”

“哇，那太难得了！”我和他击掌祝贺，由衷地称赞。

马德光说：“我这套花神杯就差六月这一只，六月荷花是最少见的，而且这只杯子品相非常好，所以志在必得。我准备用 1 000 万拍下的，结果只用了 400 多万就拿到了，节约了 500 万呐！关键是凑齐了一套花神杯，太开心了！”马兄笑得眼睛只剩下一条缝，脸红得像喝醉了酒。

他有点口齿不清地说：“冯总呀，大家都知道你收藏瓷器很厉害，公认的黄釉第一人。我现在有这一套花神杯，也不差了吧？”

“瞧你说的，我哪能跟你比啊！你集齐了这套花神杯，才是第一人哪！”

在我记忆里，当下康熙五彩十二花神杯能收藏齐全的，屈指数遍国内个人藏家，也只有马兄一人了。大名鼎鼎的刘益谦先生收藏那套花神杯，是青花的，不是五彩的。回想当日我与马兄在同一场拍卖里，眼见他单挑众多高手，一口气连续抢下十只不同月份的花神杯，意气风发，威镇拍场，想不到他不久就凑齐了全套，有此套藏品，马兄足可以傲视同侪，实在是可喜可贺啊！马兄400多万拍下的这只花神杯，我早些年上过手，因为它是广州著名收藏家曾波强的旧藏，来源于徐展堂旧藏。

知名收藏家马德光先生（右）与冯玮瑜在故宫鉴赏康熙万寿尊

康熙五彩十二花神杯尚有藏家能收藏齐全的，可雍正十二色菊瓣盘，从未见有藏家全套收藏齐全的记录。据英国著名学者康蕊君《华彩妍芳》一文介绍，雍正十二色菊瓣盘从未见有完整全套传世的纪录，且并不仅只有十二种颜色，现知至少还有其他六种釉色。即使如此，仍未有人能集全十二色的，可见雍正十二色菊瓣盘之稀缺。而我机缘巧合，已入藏了三只，仍需努力啊。

玮瑜说瓷

康熙五彩：清代康熙时期五彩瓷器的简称。当时五彩的发展有了重大突破，发明了釉上蓝彩，取代了明代所用的釉下青花，并将黑彩也用在釉上装饰，成为一种纯粹用釉上彩料绘制的彩瓷，一种真正意义上的五彩瓷。康熙五彩改变了明代五彩要釉下青花加釉上五彩的局面。

柠檬黄清澈怡人、胭脂水娇嫩妩媚、甜白釉纯净甜美，三只雍正菊瓣盘齐聚于斯，世上一场春梦，人间几度相逢。

2020 年 10 月，文物出版社出版发行由保利艺术研究院编的《保利拍卖十五周年精品集》，这只胭脂红釉菊瓣盘也被收录其中，著录于第 218 页、图 265。从首次拍卖截止至 2020 年，保利拍卖这十五年来经手过的瓷器精品无数，在十五年时间跨度里的无数精品里挑选出特别精美的瓷器编辑成《保利拍卖十五周年精品集》，可谓好中选优，优中选精，精中选极。而这只胭脂红釉菊瓣盘能名列《保利拍卖士五周年精品集》之中，也是唯一一件入选的胭脂红釉盘，可知其罕见与精美。

赏菊，为秋天之乐事，而将菊花绘于物上则可时时赏阅，四季皆得逸趣。因此，雍正年间不少宫廷艺术品皆曾流行菊花纹饰，比如被视为清宫瑰宝的雍正珐琅彩瓷当中，以菊花为装饰主题者，留存至今数量不下二十余件，堪称一绝。

世间的菊花，娇黄翠绿，姹紫嫣红，自有动人之处，一旦固化为盘，精华凝结，光风霁月，但见胭脂如水，袅袅婷婷，任是无言也动人。

胭脂如醉，佳人如梦，凝视这一只胭脂水釉菊瓣盘，眼睛也不由得温柔起来……流苏锦帐，醉留霞觞，沉醉温柔乡。

有美物如斯，不知今夕何夕矣。

芙蓉帐暖度春宵，从此君王不早朝。

清雍正胭脂水釉菊瓣盘

对冲风险，平衡收益，保障资产安全

通过资产配置让你的投资为你服务，

这不仅可以帮助你实现人生目标，而且能抚平投资成功路上的颠簸。

“华尔街资产配置第一人”　戴维·达斯特

收藏讲究藏品的稀缺性和完整性，将某一类艺术品配置齐备，是很多藏家的理想。这不但使自己的收藏更具备欣赏价值和研究价值，而且能提高自己收藏品位和藏品价值。资产配置同样也讲究均衡。

资产配置的核心是分散风险、保本、赚钱，安全地让钱生钱。资产配置注重的是安全性，而不是快速致富，在形势反常或资产过于集中时进行重新平衡。

根据资产的不同特点，“华尔街资产配置第一人”戴维·达斯特把资产分为如下几类：现金、债券、股票、房地产、商品、贵金属、私募基金、风险投资、管理期货、对冲基金、通货膨胀挂钩债券、艺术品等。收藏艺术品也是资产配置的一种有效手段。

资产配置是一种管理投资组合的科学方法，无论是新手还是老手，都可以借助资产配置平衡投资风险。通过资产配置将资产变成好几个不同类别的组合，不论经济环境如何，其中一些资产总会保持增长。资产配置可以保护投资组合，降低风险，增加预期回报，坚持资产配置才能实现长期投资的成功。

“草根巴菲特”安德鲁·哈勒姆推崇备至的“懒人投资组合”就是均衡配置股票和债券。安德鲁研究了1986—2016年间配置不同比例的美国股市和债券的收益率：50%股票和50%债券，年复合收益率是8.04%；60%股票和40%债券，年复合收益率是8.82%；70%股票和30%债券，年复合收益率是9.16%。虽然从数据看，股票配置比例高一些，收益会高，但股市的风险比债券要高得多，很多人不一定忍受得了这个过程中股市大跌而带来的大幅亏损。

我一直提倡：当在股市、房市适当配置后，就要相应地配置艺术品，股票是银，房产是金，收藏就是藏在你家的钻石。

当我们年轻时，负担轻，事业处于上升期，可以投资高风险、高回报的股票和成长型资产，失败了也可以重来；随着年龄增长，事业进入平稳期，逐渐要肩负家庭的重担，这时就要逐渐转向创收型资产，以稳健为主；当退休后，需要以资产收益弥补收入下降，维持生活品质，这时资产配置则要采取防守策略，以保障资产为主。

除了通过年龄决定资产配置，还应该根据社会形势、市场形势变化来平衡资产的配置。当经济形势好的时候，我们的投资组合中要加大能主动出击的资产比例；当经济形势不佳的时候，我们的投资组合中则增加强有力的防御性资产比例。

每个人的经历不同，对于投资的理解和期望的收益也不同，但进行资产配置要遵循三条原则：投资组合要分散在不同领域，鸡蛋不全放一个篮子里，也不能放到所有篮子里；适时、合理调整资产配置；积极有效的风险管理。只有做好资产配置，才能有效地应对社会、市场剧烈波动，实现财富长期稳健增长。

05

第5章 不知东方之既白

一只明永乐甜白釉暗花双龙赶珠纹高足碗入藏记

瓷，是时间的艺术。

和时光一起行走，

或许一万年，

也不过一个短暂的瞬间。

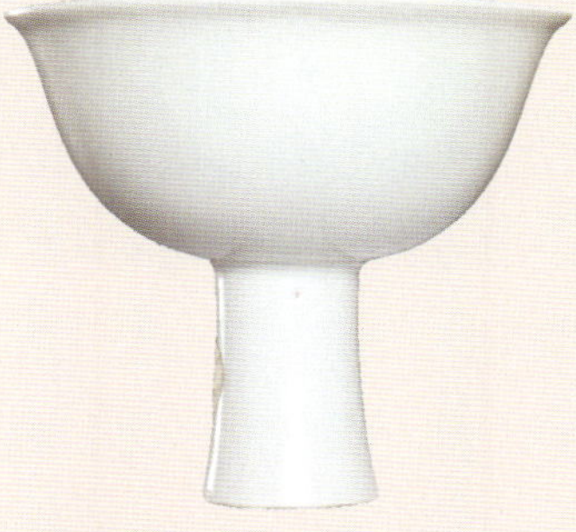

藏品名称 明永乐甜白釉暗花双龙赶珠纹高足碗

年代 明永乐

尺寸 高度 12 厘米

来源 Peter Scheinman 的旧藏 编号 43-1

佳士得纽约 1995 年 4 月 23 日 编号 94

香港苏富比 2001 年 10 月 29 日 编号 560

纽约苏富比 2014 年 5 月 19 日 编号 233

著录 《五色祥云——自得堂藏宋元明清单色釉瓷器》第 142 页，广东省博物馆，2021 年

展览 广东省博物馆“五色祥云——自得堂藏宋元明清单色釉瓷器特展”2018 年 7 月 28 日至 2018 年 8 月 28 日

冯玮瑜藏瓷精选

此高足碗，釉色洁白可人，温润，如脂似玉，器型完整，独秀于林。其薄薄的碗壁内有暗花双龙赶珠纹，胎薄釉厚，釉料在高温烧制时融化流动，暗花的纹饰在厚釉下，仿若烟云笼罩处云起龙襄，若隐若现、若真若幻，让人几番惊叹，给人几回神思。器物静伫，起舞清影，龙跃云津，正可谓风起云涌，际会正当时。

2018年7月28日，我的个人收藏展“五色祥云——自得堂藏宋元明清单色釉瓷器特展”在广东省博物馆隆重开幕，此次展览由广东省博物馆基金会主办，特邀国家文物鉴定委员会委员、故宫博物院研究馆员冯小琦，深圳市文物考古鉴定所所长任志录，广东省文物鉴定委员会委员资深专家潘鸣皋等专家从我的藏品里精心挑选参展藏品，其中有一只永乐甜白釉高足碗，让专家们爱不释手，赞叹不已。

白釉是一切釉色之母，为最纯之色。没有了白釉，其一切瓷器颜色无从谈起，有了白色的衬托，其他颜色才能发出自己的光彩，就像红梅当有白雪的衬托时才显得分外妖娆。

永乐甜白釉的成功烧制，为明清彩瓷的发展创造了有利条件。斗彩、五彩、粉彩等彩瓷都是在白釉取得高度成就的基础上，才有机会发展起来。五彩缤纷的彩瓷只有在白釉的衬托下才能更好地显示它鲜艳美丽的色彩。

永乐甜白釉瓷器是白釉瓷器系列里成就最高的，其釉质洁白温润，如脂

“五色祥云——自得堂藏宋元明清单色釉瓷器特展”开幕仪式

费勇、唐健锋、阮华端、王贵忱、魏峻、冯玮瑜、冯小琦、潘鸣臬、杨国辛、曾波强（从左到右）

似玉，成为古代白釉瓷器的顶峰，后世一直追摹仿造，特别是清代康雍乾盛世时期，烧造过大量白釉瓷，可惜终未能超越永乐甜白釉。

永乐时期能够创烧出甜白釉，或者说甜白釉能够获得如此之高的声誉，是有其发展脉络的。从隋代的白釉瓷器到宋代的定窑白釉瓷器，白釉瓷器的生产发展延绵不断。到了元代，由于蒙古人“尚白”的风俗习惯，白瓷得到了得天独厚的发展机会。元朝特别在景德镇设立“浮梁瓷局”，是当时唯一一所专为官府服务的瓷局，生产供官府使用的瓷器。“浮梁瓷局”创烧出著名的“枢府釉瓷”，成为元代白釉瓷器的代表。

枢府釉瓷又叫卵白釉瓷，虽然也算是白瓷的一种，但颜色大多偏灰偏暗，略显粗糙，与元人的粗犷风格一脉相承。

到了明初，朝廷于景德镇设立御窑厂，生产专供皇家使用的御用瓷器，

玮瑜说瓷

浮梁瓷局：浮梁瓷局是元至元十五年在景德镇设置的全国唯一的一所为官府服务的瓷局，掌管烧造瓷器，并负责漆造马尾、棕藤笠帽等事。浮梁瓷局秩正九品，设大使、副使各一员。在瓷局的掌管下创烧了枢府釉瓷、青花瓷、釉里红瓷、蓝釉瓷、蓝地白花瓷、孔雀蓝釉瓷器等。特别是创烧了青花瓷，成为瓷器发展史上的一座丰碑。

玮瑜说瓷

枢府釉瓷：又称卵白釉瓷，是元代景德镇创烧的一种青白釉瓷器，失透光润，色泽白中泛黄泛灰，类似鹅蛋壳色，器物粗犷，不够精细。由于在内壁印花纹饰中多出现有对称的“枢”“府”二字铭文，故得名。元朝设立枢密院主掌军事、边防、宫廷禁卫等事务。有“枢府”字样的瓷器为枢密院定烧的瓷器。

由于御窑厂集中了最优秀的工匠、最优质的原材料和采用当时最先进的工艺技术来生产，使得御窑厂的生产工艺和技术水平比元代的浮梁瓷局有了很大的提高。到永乐帝时，永乐帝说：“朕朝夕所用中国瓷器，洁素莹然，甚适于心。”由于永乐皇帝对白釉的特别偏爱，上有所好，下必甚焉，御窑厂竭尽心力，甜白釉瓷器就在永乐时期横空出世，成为一代名品，也成为中国历史上白釉瓷器的一座高峰。

永乐帝是一位雄才大略的皇帝，也是一个极其残暴的皇帝，他发动“靖难之役”，抢夺了侄儿建文帝的皇位。永乐帝荣登大位的过程，实是明初一段惨烈的骨肉相残史。

燕王朱棣是朱元璋的第四子，分封燕地，皇帝的大位本与他无缘。可惜史称贤德的皇太子朱标在三十多岁时就不幸因病去世，朱元璋悲痛之余立皇长孙朱允炆为皇位继承人。朱允炆继位后，改年号为建文，史称建文帝。燕王发动叛乱，历经四年战争，终于推翻建文帝，抢夺了侄儿的皇位，自己当上了皇帝。

如果建文帝的父亲朱标不英年早逝，如果建文帝没有一个如狼似虎的亲叔父，何至于此！如果当时太子朱标过渡一年或者只需当几个月皇帝，再传给朱允炆，历史就不会被永乐帝改写。

明代方孝孺评价皇太子朱标："盛德临中夏，黎民望彼苍。"

据明万历十四年（1586 年），进士何乔远撰写的《名山藏》记载，一日太祖又大开杀戒，太子劝谏："陛下杀人过滥，恐伤和气。"朱元璋默不作声。第二天故意把一条棘杖放在地上，命太子拿起。太子面露难色，朱元璋说："你怕有刺不敢拿，我把这些刺都去掉了，再交给你，岂不是好？我所杀的都是天下的坏人，内部整理清楚了，你才能当这个家。"皇太子说："上有尧舜之君，下有尧舜之民。"意思是有什么样的皇帝，就有什么样的臣民。朱元璋听后大怒，拿起椅子就朝他掼，并追着打他。

没想到培养了 20 多年的接班人皇太子朱标突然去世，给朱元璋的打击太大了，要重新布局，其中用人就发生了很大的变化！原先的开国元勋大多都是在太子死后被杀。太子不死，他们会一直陪伴新君。而皇太孙朱允炆就不同了，毕竟太过稚嫩，功臣名勋都有可能危害皇太孙执政，所以班底就得全换！朱元璋的政策转向太快太猛，功臣名宿、名将谋士被悉数除尽。

哪知人算不如天算，朱元璋什么都想到了，就是没想到在自己身后会发生骨肉相残的惨剧，没算到造反的不是外人，竟是自家四儿子燕王。可怜这时连能够帮建文皇帝带兵打仗平叛的人都没有了……建文的皇位硬生生被亲叔父以血腥手段抢去。

建文帝自幼熟读儒家经书，故所亲近之人多是胸怀理想主义的大儒。他的性情与父亲朱标一样温文尔雅，以宽大著称。明洪武二十九年（1396年），朱允炆曾向太祖请求修改《大明律》，他参考《礼经》及历朝刑法，修改《大明律》中七十三条过分严苛的条文，深得人心。

建文帝21岁继位为帝，这位年轻的皇帝性格温顺，自小受儒家文化熏陶，因此他最向往的是实行仁政。朱允炆在位期间增强文官在国政中的作用，宽刑省狱，严惩宦官，同时改变其祖父朱元璋的一些弊政，史称“建文新政”。

但是建文帝实在太仁厚了。在朱元璋时期，燕王的几个儿子被质押在京城。建文帝登基后全部放还燕王身边——历史学家们认为这一决定愚不可及，这使得燕王再无后顾之忧，决心造反。六月才放人，仅仅两个月后，也就是八月，燕王就打着“清君侧”的旗号起兵“靖难”，史称“靖难之役”。

朝廷和燕王之间开始了一场血腥的、持续三年的军事对峙。战争期间，建文帝下旨给前方军事将领：不得伤害燕王！（《明史》记载，建文皇帝告之诸将“毋使负杀叔名”）据说是怕伤了燕王，在祖宗面前不好交代——真是腐儒之极！燕王已然不顾君臣之义，起兵造反。你死我活，还念什么亲情！刀兵无情，战场上哪能保证不伤害对方呢？但圣旨在上，战士们束手束脚，而燕王反叛是死里求生。狭路相逢勇者胜，结果可想而知。

皇帝该有的杀伐决断被建文帝的仁慈消磨殆尽。

皇太子朱标及建文帝朱允炆父子二人，空有贤德留名后世，后果却是江山易手。唉，光有菩萨心肠，没有霹雳手段，正人君子又怎么干得过流氓呢？

项羽败于刘邦，建文败于永乐，都是同出一辙。

建文四年（1402 年）六月，燕军渡江直逼南京城下，谷王朱橞与曹国公李景隆开金川门迎降，京师遂破，《明史·成祖本纪》中有记：“宫中火起，帝不知所终。”从封建正统的角度看，燕王当然是谋逆造反，但拳头就是真理，成王败寇。燕王成为永乐帝后，有关建文帝的档案、资料一律被销毁，又把朱元璋的洪武年号延长两年，完全抹去了建文帝即位的这段历史。

永乐帝的雄才大略自不必说，其残暴也赫赫有名。他大肆血腥屠杀建文帝旧臣，制造恐怖。“灭十族”“瓜蔓抄”也是永乐帝始创的，此前从未有过如此之广的株连之刑，残忍至极。

翻开明史这一段，骨肉相残，群臣死节，血迹斑斑，让人不忍卒读。

明成祖朱棣之后继位的是明仁宗朱高炽，他之后是明宣宗朱瞻基，再后是明英宗朱祁镇。

《明英宗实录》有极短的记载，明正统五年（1440 年），有老僧自云南至广西，语人曰：“我建文帝也，张天师言我四十年苦，今数满，宜返国。”从成祖到英宗，已经历时三十几年，皇帝就换了三个，建文帝还能健在吗？御史不敢贸然行事，禀报了朝廷，把老僧送到北京。

老僧到底是不是出家后的建文帝？英宗招来大臣，谁也无法说出他是真还是假。后来英宗又叫老太监吴亮来辨认，他曾伺候过建文帝。吴亮一露脸，老僧说：

“你不就是吴亮么？”

“我哪里是什么吴亮？”吴亮否认道。

老僧从容地笑说：“那一年我在便殿里吃仔鹅，把一块鹅肉掉到地上，你当时手提茶壶，趴在地上，用嘴把鹅肉叼起来，难道你忘了？还敢说你不是吴亮？”

吴亮扑通跪下，不敢抬头，趴上前去看看建文帝的脚，建文帝的脚上有一个黑痣。他一看有黑痣，确实是建文帝，于是抱着老僧膝前，哭得泣不成声。

奇怪的是，当天晚上吴亮回到宫中，不声不响地上吊死了。是自缢还是他杀？没有人能说得清楚。

此老僧是否是建文帝？史料也没有明说。

一百多年后的明万历二年（1574 年），十二岁的万历皇帝问老师张居正一个他思考很久的问题，那就是建文帝的下落之谜：“闻建文当时逃逸，果否？”这个问题涉及皇家秘闻，本来就比较敏感，因为建文时期的档案文献和起居注全遭永乐帝毁灭，而私家记述又概遭禁止，没有相关史料明确记载，张居正很难回答。但皇帝问到，作为帝师的他不能不答。张居正只好如实答道：“国史不载此事，但先朝故老相传，言建文当靖难师入城，即削发披缁从间道出，人无知者。”

接着张居正给万历皇帝念了一首诗：

沦落江湖四十秋，归来白发已盈头。
乾坤有恨家何在？江汉无情水自流。
长乐宫中云气散，朝元阁上雨声愁。
新蒲细柳年年新，野老吞声哭未休。

张居正解释说，这首诗据传是出家后的建文帝所写，诗句凄怆落寞，读之不胜感慨。诗以言志，诗中的意境倒十分符合建文帝的经历及心声，有关这首诗的故事也被记入《明神宗实录》和明人孙承泽撰写的《春明梦余录》中。

当然，以上故事都是野史，有关建文帝当日到底是自焚还是出家避难以图再起？至今仍众说纷纭，扑朔迷离，是明史的一宗悬案。野史虽然不能被称作正史，但不代表它的内容完全杜撰失实，它反而会揭露一些不为人知的真相。许多正史也会从野史里取材，类似的例子不胜枚举。

野史的优点在于取材新颖，妙趣横生，不像正史那么枯燥乏味，反映的多是正史里没有记载的内容，并且对帝王将相、市井庶民间的宫闱逸事、钩心斗角、尔虞我诈、风流韵事、龌龊行径等，做细致入微的讲述披露。

说罢野史，言归正传。

当我收藏的这只永乐甜白釉高足碗甫一亮相，立即吸引了三位专家的目光。任志录所长说：“这碗真好啊！看着就舒服，好东西就是会自己说话的。这件是白釉里最好的。冯总真是好眼光，专掐尖的来挑。”他小心地捧着高足碗，慢慢转动，慢慢端详，久久舍不得放下。

看专家们如痴如醉，我就讲了一个小故事：

香港天民楼的瓷器收藏既精且好，只要是收藏瓷器的，无人不知。记得2017年4月4日我去访八十多岁的天民楼主人葛师科先生，葛先生专门拿出一只明永乐甜白釉高足碗与我分享。我一看，这不与我的藏品一模一样吗？虽然天民楼以收藏元青花、明青花而闻名天下，但葛先生对这只永乐甜白釉高足碗却非常偏爱，他特意让我拿着高足碗在灯前仔细欣赏。

由于我自己已藏有一只，因此看得仔细。两只互相对比，大体上是一致的。

葛先生问：“这只碗里有暗花龙纹，你看到了吗？”

深圳市文物考古鉴定所所长任志录先生鉴赏明永乐甜白釉高足碗

“看到了。”我心想：这跟我藏的一样，也是带有暗花龙纹的。我对自己收藏那只常常上手，所以对碗内壁有暗花龙纹很熟悉。

“你看到了‘永乐年制’的款识了吗？”

“啊！”我大吃一惊，怎么这碗还有‘永乐年制’款，这可不得了啊！“永乐年制”款识是历史上官窑瓷器留下有年代款识的肇始，在永乐的御用瓷器上也不多见，能够流传到今天的，更为罕见。我重新拿起高足碗，慢慢旋转，认认真真地反复观察，果然慢慢地看到了碗壁上分别对称地刻有篆书“永”“乐”“年”“制”四个字。如果葛老师不说，还真看不出来，因为篆书弯弯曲曲，加上釉面肥厚，影影绰绰，还以为是纹饰的一部分。

葛先生接着笑眯眯地说：“我刚买回来时也不知道碗壁里藏有‘永乐年制’款识，上一手藏家也不知道，连拍卖行都不知道，要是知道的话就会卖高很多价了。这碗买回来后，我时常拿出来欣赏，有次无意之中发现碗壁好像有一个字，后来再慢慢地找，终于找齐了‘永乐年制’的款识。”

“不得了啊！真是奇遇啊！”我由衷地赞叹。

“‘永乐年制’是我找出来的。”葛先生得意地说，连皱纹都散发出浓浓的欢快笑意。

葛先生还专门把这只高足碗的暗花双龙赶珠图案以及款识按原样描摹出来，这是一项多么细心，多么耗费精力的工作啊。可见葛先生对中国古代瓷器是多么的热爱，研究是多么的深入仔细，天民楼主人真是名不虚传。

葛先生能找到，我也找找看，说不定有惊喜呢。我回到家中，一连几晚，捧着自己的高足碗，打着小手电，屏气敛神，慢慢地找啊找，找到眼泪水都流出来了，可惜就是找不出来。

像葛先生这样的好事，真是可遇不可求啊。

当我说完这个故事，冯小琦、任志录、潘鸣皋三位老师受到了感染，他们说“我们也帮你找找，看能不能在这碗上也找到‘永乐年制’的篆刻款。”几位老师轮流拿起高足碗，打着强光电筒，轮着里里外外地认真辨认……可惜，还是没找到。

我的这只高足碗，来源于 1995 年 4 月 23 日佳士得纽约拍卖，编号为 94。也曾经在 2001 年香港苏富比秋拍上拍过，编号为 560。并于 2014 年 5 月 19 日在纽约苏富比上拍，编号为 233。它也曾是纽约收藏家 Peter Scheinman 的旧藏，编号为 43-1。

该碗半脱胎暗花双龙赶珠纹，工艺精湛，釉色可人，器型完整，流传有绪，实为不可多得的明永乐甜白釉佳器，怪不得老师们爱不释手。

高足碗又称“靶碗”“靶杯”，用作供器，亦称“佛碗”。盛于元代，

冯小琦、任志录、潘鸣皋等专家在找永乐甜白釉高足碗是否有“永乐年制”款识

在明代初年亦十分流行。高足碗在明清两朝均有烧制，而永乐白釉高足碗，独树一帜，除了甜白釉色外，还有其内壁暗花双龙赶珠纹，若隐若现，恍如神龙在天。

从这只高足碗看永乐年间的半脱胎模印工艺，真是一绝，那么薄的碗壁，大力点都怕一不小心就把它捏碎，而就在那薄薄的碗壁里，居然还模印上了双龙赶珠纹，由于胎薄釉厚，在高温烧制时釉料融化流动，模印的纹饰在厚釉下时隐时现，有的部分清晰到麟甲可见，有的部分又影影绰绰，云遮雾绕，神龙不见首尾。真不愧“白如凝脂，素犹积雪”之誉。

玮瑜说瓷

半脱胎：是一种薄胎细白瓷的工艺，工艺要求极严，难度很大，特别是修坯，很艰难，极容易变形。这种瓷器的胎体很薄，几乎不见胎骨，烧制成功后的成品胎骨和表面的釉质融为一体，里外颜色都是一样的白色。

广东省博物馆“五色祥云”展览里的明永乐甜白釉暗花双龙赶珠纹高足碗

怪不得永乐皇帝说它“素洁莹莹，甚适于心也”。我有时也会奇怪地想：金戈铁马的战争环境里成长，刀光剑影的血腥里抢夺皇位，他为什么会喜欢纯洁温柔的白釉呢？我百思不得其解，莫非他的内心深处，还隐藏着人们认识不到的一缕柔情吗？或因做事过于残暴，内心难安，故而以赎罪的心态追求内心的清白和宁静？

甜白釉其温润如玉的釉色，给予人以“甜”的感觉，故称“甜白釉”，但这个名称出现得比较晚，并不是永乐年间就这样称谓的。永乐白釉之所以被称为“甜白釉”，跟一样东西的出现有关——白糖。

16 世纪前，由于我国的榨糖工艺所限，当时并没有白糖，只有红糖和黑糖。当白糖出现后，白糖的美感和颜色，使人们对永乐白釉有了一种更形象的参照对比。永乐白釉釉面莹润，有明显的乳浊感，从而产生一种特别的柔和感，给人温润甜净之感，所以自嘉靖年间起，人们就开始称永乐白釉为“甜白釉”了。

甜白釉瓷器是中国瓷器里的一代名品，享誉天下，作为一代名品，永乐甜白釉瓷器当然是我单色釉收藏系列里不可缺的，正像风尘三侠里虬髯客对李世民所说的：“我亦有心久矣。”

这些年来我也不声不响地入藏了几件永乐甜白釉瓷器，闲暇时拿出来品鉴欣赏，诚闺门之乐也。“清夜举时宜问月，初春携处好寻梅。”

我每年多次前往景德镇御窑遗址参观学习，也常向景德镇市陶瓷考古研究所所长、景德镇御窑厂博物院院长江建新老师请教。在考古所里，发掘出来的瓷片一堆一堆的，考古所除了现场发掘外，还要对出土的瓷片进行清洗，然后再拼接、复原。据有关资料显示，在发掘清理景德镇珠山中路东段御窑遗址时，从第四层开始出现永乐瓷器，主要是甜白釉和青花瓷的残片，第五层为甜白釉瓷片堆积层，层厚为 5 ~ 55 厘米，其中有僧帽壶、靶盏、靶碗，靶碗就是本文中所说的高足碗。

景德镇市陶瓷考古研究所所长、景德镇御窑博物院院长江建新（左）与冯玮瑜合影

可见，史料记载与考古发掘是一致的，永乐皇帝对白釉瓷器有种异乎寻常的偏爱。景德镇珠山官窑遗址出土物，因年代可考，学术价值高，享有最权威的断代标尺，是最为可靠的物证资料。在考古所的标本里，我找到了与这只高足碗同样型制的标本。

我另藏有一件永乐甜白釉高足碗的足部残件标本，其与本件的足部如出一辙，残件的碗底还刻有篆书“永乐年制”四字，二者可资比较。

台北故宫博物院博物院出版的《适于心：明代永乐皇帝的瓷器》一书里，载有多件台北故宫博物院收藏的永乐甜白釉高足碗的照片和说明，有一些有“永乐年制”篆书款，有一些是没有的。

另外，首都博物馆在 2007 年出版的《景德镇珠山出土永乐官窑瓷器》中也载有这种永乐甜白高足碗，并曾在首都博物馆展览。

《适于心：明代永乐皇帝的瓷器》和《景德镇珠山出土永乐官窑瓷器》

2020年起，新冠肺炎疫情严重困扰了香港地区的居民，连正常的交往都受到严重限制。我2021年初因事到了香港，春节期间刚好疫情有所舒缓，香港特区政府也在年初七放松了部分疫情管制措施，我便去电天民楼葛师科先生问方不方便去他家向他拜年。葛先生回复："我们只有两个老人在家，平时都不出门，欢迎您来。"

2021年2月21日是年初十，我按约定到天民楼向葛先生拜年，他们夫妻两位老人家非常热地接待我。葛先生虽然近年遇到一些变故，但却气定神闲，思维清晰，谈兴甚浓。我们一老一少，聊得格外投契，由正午阳光灿烂聊到傍晚暮色降临，怕他老人家累着，我才依依道别。

2021年春节期间葛师科（左）与冯玮瑜在天民楼谈笑风生

世人皆以为，天民楼的收藏最出彩的是元青花和明初永宣青花瓷器，其实天民楼所藏的明初甜白釉瓷器也不遑多让。前一天在香港艺术馆开幕的"聚道传承——敏求精舍六十周年”展览，就有一只天民楼送展的明永乐甜白釉印花龙纹盘作为重要展品，陈展在一个独立展柜内。此盘胎体洁白，盘壁胎骨薄可透光，通过特别的灯光透示，内壁模印的五爪龙纹矫健威猛，盘心的篆书“永乐年制”清晰可辨。此盘精美异常的印花纹饰能够如此清晰地展现出来，让观众赞叹不已。

明永乐甜白釉印花龙纹盘

香港艺术馆“聚道传承——敏求精舍六十周年”展出的葛师科先生所藏的明永乐甜白釉印花龙纹盘

葛先生告诉我："那一件就是半脱胎的永乐甜白釉瓷器。其实那只盘过往也曾在其他展览展出过，不过那时没有采用特别的灯光透视，大家欣赏不到它的美妙，以为是普通的白釉瓷器。所以在这次展品征集时，我特别要求，一定要用灯光透视把它的纹饰展示出来，如果做不到，就不送展了。结果他们答应了，而且做到了。我也很满意。"

我点头称赞，唯有如此，才能把永乐甜白釉瓷器那若隐若现、妙不可言的暗花纹饰展示在世人眼前。

葛先生还说："我还要求他们要为这只盘拍一段视频，要拍出它的暗花纹饰，然后在展览上不停播放。这样就有更多人能看到永乐甜白釉瓷器是多么漂亮。"

我拍掌激赏，葛先生虽然垂垂老矣，可思想依然敏锐，特别是对瓷器热爱，一如既往，烈士暮年，壮心不已。

永乐时期距今已经六百多年了，六百多年的流传，永乐甜白釉瓷器仍然素洁莹然，洁美如初。同葛老一样，我对永乐甜白釉瓷器也非常钟爱。

广东省博物馆举办的"五色祥云——自得堂藏宋元明清单色釉瓷器特展"，展品是由我亲手放进展柜。当我拿起这只高足碗，小心翼翼摆放的展柜里时，满眼甜白和美，心中忆起了一句诗："梨花樊素手，婉约淡雅人"。

平平淡淡才是真，清清白白最可人。

是真佛只说家常，生活真好！

资产不会永远上涨，也不会永远下跌

任何东西都不可能朝同一个方向永远发展下去，树不可能涨到天上。

畅销书《投资最重要的事》作者　霍华德·马克斯

甜白釉创烧于明初永乐时期，因为不是青花、彩瓷，以往不太受国内藏家关注，但现在拍卖场上，明代永乐甜白瓷器却屡创高价，永乐甜白釉的价值得到了越来越多人的认可，这是一种价值回归。价值回归是指价格有时高于价值，有时低于价值，但迟早会回归价值。

美国宾夕法尼亚大学沃顿商学院金融学教授杰里米·J. 西格尔教授率先提出了价值回归的概念。西格尔教授研究了1970年至2001年这32年间全世界主要股票市场的投资回报率，英国为11.97%，美国为11.59%，日本为11.12%，德国为10.88%。日本股市的最高点是在1989年，至今没有创新高。如果是截止至1989年计算日本股市回报率，日本股票的回报率显然要远远高于其他国家，但时间拉长至2001年，日本股市的回报率就与其他国家基本一致了，这就是金融投资的价值回归。

欧洲著名的证券投机大师安德烈·科斯托拉尼先生曾提出一个著名的遛狗理论：“一个男子带着狗在街上散步，狗先跑到前面，然后再回到主人身边。

接着，狗又跑到前面，等狗看到自己跑得太远，又会折回来。整个过程，狗就这样反反复复。最后，他俩同时抵达终点，男子悠闲地走了一公里，而狗走了四公里。男子就是经济，狗则是证券市场。”虽然科斯托拉尼先生在1999年就逝世了，但这个遛狗理论却依然是价值回归最通俗的解读。

不要因为市场突然追捧某类资产，就蜂拥跟进，这个时候最容易买在高位。当某类资产价格涨幅明显高于市场平均水平时，随后总会有价值回归甚至低于平均水平的出现，但因为价值回归的幅度和速度不可预测，是典型的“随机漫步”，所以，对我们而言，拼命追涨会带来较大风险。

以5～10年为周期观察股市波动，我们更容易体会价值回归：原本表现不佳的股票开始上涨，而原来的热门股票则开始走下坡路。也正是因为市场随时会出现高估或低估的情况，所以我们才有赚取超额收益的机会。只有相信常识，在合理估值下买入股票，在估值偏高的情况下逐步卖出，这样才能提高投资成功率，从股市中获取正收益。

任何资产不会永远上涨，也不会永远下跌，拉长时间波段来看，终究会回到它合理的价值。价值就是一把标尺，价格偏离价值越远，回归的可能性就越大。

06

第6章 朱颜酡兮思自亲

一只清康熙郎窑红釉苹果尊入藏记

为了遇见你，

我走过春夏秋冬和日月轮转，

跨越时间与生命，

来到你的眼前。

藏品名称	清康熙郎窑红釉苹果尊
年代	清康熙
尺寸	直径 9.2 厘米
来源	Koger 夫妇旧藏 美国佛罗里达州 Ringling 博物馆旧藏 Ralph M.Chait Galleries 旧藏 保利厦门拍卖 2018 年 1 月 8 日“中国古董珍玩”第 501 号
著录	《五色祥云——自得堂藏宋元明清单色釉瓷器》第 52 页，广东省博物馆，2021 年 1985 年 10 月 1 日出版的《Koger 珍藏中国瓷器》（*Chinese Ceramics: The Koger Collection*）第 157 页，图 128
展览	广东省博物馆“五色祥云——自得堂藏宋元明清单色釉瓷器特展”2018 年 7 月 28 日至 2018 年 8 月 28 日

冯玮瑜藏瓷精选

此郎窑红釉苹果尊造型饱满，丰肩圆腹，口沿内凹，卧足底，底施白釉，白中泛黄。其色红得浓烈，釉色深浅交替自然，玻璃光泽下还带有道道细碎无规律的开片，是泥与火碰撞而出的天赐奇迹与美丽，艳而不俗，浓而不媚，自有康熙盛世之气息扑人眉宇。想它历经风霜，万里归航，恰似奔我而来，定当彼此珍重，所愿皆成。

三个苹果，改变了世界。

第一个是被亚当和夏娃偷吃的苹果。

第二个是砸在牛顿头上的苹果。

第三个是让乔布斯咬了一口的“苹果”。

亚当与夏娃的典故出自《圣经》：上帝创造了一男一女，男的称亚当，女的称夏娃，二人在伊甸园中快乐地生活。园中藏一条毒蛇，它诱惑夏娃说：有两棵树，一棵是智慧之树，吃其果可以聪明如上帝；另一棵是生命之树，吃其果可以长生不老。在毒蛇的诱惑下，加上苹果色泽鲜艳诱人，夏娃便从智慧树上摘了个苹果来吃，并分给亚当一起吃。两人吃下苹果之后，便有了智慧，懂得男女之别，有了羞耻之心，完成了人性的启蒙。上帝发现他们偷吃禁果后，便将他们逐出了伊甸园。于是他们来到人间，成了繁衍不息的人类的祖先。

有一天，科学家牛顿正坐在苹果树下休息，忽然一个熟苹果掉下来，砸到了他的头上。他摸了摸被砸痛的脑袋，忽然想到一个问题：为什么苹果总是垂直落向地面呢？为什么苹果不向外侧或向上运动，而总是向着地球中心运动呢？是不是有一种看不见的力量在起作用，把苹果拉向地面呢？后来，牛顿终于解答了这个问题，并由此推算出一个公式，这就是“万有引力定律”，奠定了此后三个世纪里物理世界的科学观点与基石，并成为现代工程学的基础，推动了近现代科学进步。

乔布斯一手打造的苹果电脑和苹果手机，风靡全球，开创了电脑化、智能化的科技时代，是现代科技与生活融合最为成功的产品。由这只被咬了一口的苹果而发轫的移动互联网、人工智能、网络支付等一波又一波的科技革命，汹涌而来，势不可挡，革新了人类传输信息方式，迅速地改变了我们的生活和思维方式，给人类社会带来了翻天覆地的变化。

苹果——可真不简单啊！

在中国古陶瓷里，有一样器物造型与苹果极为相似，叫作“苹果尊”。乍看过去，其器型惟妙惟肖，它也因其形似苹果而得名。但它并非仿生器，它实际上是一件文房器，是皇帝放在御书房案桌面上的文具，作水盂使用，是一件既可赏玩，又可实用的文房用具。

作为收藏中国古陶瓷的爱好者，苹果尊这种文房用具我早就知道，知道它是御用的文房用具，也知道它价值不菲。但引起我入藏的兴趣是在 2015 年 5 月 16 日中国嘉德春季拍卖会上发生的一件事。

那年的嘉德春拍，在拍品里有一只康熙釉里红苹果尊，在拍卖前，我并没特别留意它，因为它既不是黄釉，也不属于单色釉，不符合我的收藏系列。

当这场春季拍卖会瓷器专场进行至中间时段，竞价激战正酣，拍卖大厅里的人全神贯注观看着拍卖师的叫价和敲槌，这时，忽见到有三四个男子悄悄地溜到中排，因为我坐在后排，所以一眼就发现了那几个当中有一人就是大名鼎鼎的“和珅”扮演者王刚。王刚老师扮演的乾隆宠臣和珅入木三分，“和大人”的形象深入人心，闻名遐迩。

虽然他们几人是悄悄地溜进拍卖大厅来的，其他人都关注着拍卖现场竞价，没留意中途进来是何人。但我经常看瓷器也练就了一样功夫——眼尖，我跟王刚老师本来就相熟，一眼就认出来了。

王刚老师到拍卖预展现场看拍品是有的，但亲自到竞拍现场还真不多见，他悄悄进来干什么？ 也要参与竞拍吗？他要竞拍什么呢？

我好奇起来，就开始留意他的一举一动。

这时，拍卖仍进行得如火如荼。他们刚进来不久，就轮到那只釉里红苹果尊上拍了。

举牌参与竞买这只釉里红苹果尊的人真不少，很多个牌子在争相竞价，我看到王老师也举牌了，最终这只康熙釉里红苹果尊由王刚老师以数百万元高价竞得。在竞得后，王老师一行人又不声不响，悄悄溜出去了。

这下我恍然大悟：原来王刚老师是专为这只釉里红苹果尊而来的。

玮瑜说瓷

釉里红：是将含有金属铜元素为呈色剂的釉料按所需图案纹样绘画在瓷器胎坯的表面，再罩以一层无色透明釉，然后入窑在1300℃左右的高温还原焰气氛中一次烧成。因烧成后呈红色的铜红料在透明釉的下面，故称釉里红。

他悄悄地离开，正如他悄悄地进来，他挥一挥衣袖，不带走一片云彩，却带走一只苹果尊。

王刚老师除了是知名的表演艺术家外，还一身横跨两界，既是收藏界的大艺术家，又是演艺界的大收藏家。

我和王刚老师常在一些文化活动上见面。2018 年 11 月 7 日，故宫紫禁书院举办的一个文化活动上，王刚老师和我都是特邀嘉宾。那场活动中，专家们云集在故宫里，叶佩兰、耿东升、张如兰、王春城等文博界专家均与会，王刚老师是活动主持人，大家畅谈的都是瓷器和收藏。

王刚老师主持故宫紫禁书院举办的文化活动

活动期间，我跟王刚老师咬着耳朵谈起他收藏釉里红苹果尊时的情形，他听后哈哈一笑，不无得意地说：“这也让你瞧见了。”

谁叫他是名人呢！

王刚老师是知名的收藏家，他入藏的古董以精品而为人们所称道，虽然他为人平和低调，但同时作为名闻中外的表演艺术家和著名主持人，天下谁人不识君。王刚老师每次见到我都乐呵呵的，笑容可掬，我们每每津津乐道地谈收藏。他其实挺随和的，也乐于提携后学，我的“冯玮瑜亲历收藏系列”之《藏富密码》一书，王刚老师还亲自帮我写了推荐序。

大收藏家王刚老师（左）拿着冯玮瑜所著的《藏富密码》

——这苹果尊有什么来历呢？王刚老师为何专门竞拍它呢？

这场拍卖后，我专门查阅苹果尊的资料，研究它的由来。

据已故的我国古陶瓷权威、原故宫博物院研究馆员、国家文物委员会委员、国家文物鉴定委员会委员、著名考古学专家冯先铭先生主编的《中国古陶瓷图典》里说：苹果尊是康熙年间独有的器形，其他朝代未见有烧造。

苹果尊因其形似苹果而得名。器口内凹、无颈、圆腹，器口仿似果蒂下凹于圆腹之中，惟妙惟肖。器体小巧玲珑，丰满圆润，常见品种有釉里红、天蓝釉等。

苹果尊是文房器，是盛水用的水盂中的一种，一般水盂的作用乃洗笔、或为砚池添水来磨墨。苹果尊鼓腹小口，不便握持，注水时也较难掌控水量多少，因此，苹果尊为砚台加水磨墨时，可能是用小勺来舀水的，或仅仅是文房案头上的玩赏器物。

宣统皇帝溥仪在回忆录《我的前半生》里记述：1924 年 10 月下旬，冯玉祥发动北京政变，随即在 11 月 5 日，宣统皇帝爱新觉罗・溥仪被赶出皇宫紫禁城。突如其来的变故，让当时正吃着苹果与皇后聊天的溥仪惊慌失措，一下子跳了起来，刚咬了一口的苹果滚到地上去了。

与溥仪一样在回忆录里提到这只苹果的，还有一位“老宫人”，这位老宫人并不是“白头说玄宗”的白发宫女，而是原台北故宫博物院博物院副院长庄严先生，他服务了故宫文物一辈子，自称是“老宫人”。

原台北故宫博物院副院长庄严先生曾进入“清室善后委员会”参加清宫文物清点工作，他撰文回忆道：“自从宣统出宫，我便入宫，当的不是皇帝，而是一个维护民族文物国家重器的老宫人……”（这是庄严先生于 20 世纪 70 年代从他服务了一辈子的台北故宫博物院博物院退休后，所写的一篇自传式文章《宣统出宫我入宫》中的一段话。）

据庄严先生回忆，在“清室善后委员会”清点故宫文物期间，有三件令庄严先生印象深刻的事，几十年后仍记忆犹新。其中一件他在文章内这样写道：“……有一天，我在清点文物的时候，竟然看见养心殿的书桌上，还放着半个吃剩的苹果。那是逊清宣统皇帝溥仪，在他居住的地方，突然听到国民政府命他即刻出宫的消息以后（当时宫外站满了军警等候他离开），惊惶之余，便把手里还带着齿痕的半个果子匆匆丢在桌上了！”

剧变时刻，出现的又是一只苹果！

这咬了几口的苹果就成了宣统皇帝的人生轨迹分界点，他从此离开故宫，越走越低，后来竟然跑去做日本人的傀儡，当了伪满洲国的皇帝；在日本战败投降后，他被苏联红军俘虏成为囚犯，又移交中国。经党和政府的教育改造，他幡然悔悟，晚年成为新中国的一名公民。

帝王的岁月、故宫的时光，已不堪回首月明中了。

皇帝批阅奏章，处理军国大事，全赖案头上朱笔批示。皇帝的案头文房用器，自是非同小可。在素雅的笔墨纸砚之间，放置一只诱人“苹果”，既实用，又可赏玩，风雅怡人，自成一景，怪不得康熙会把苹果尊当成文房佳器。

见贤思齐，我也想入藏一件摆在案头赏玩，于是开始留意苹果尊。我一直以单色釉作为系列收藏，所以只留意单色釉的苹果尊。此后市场上拍的苹果尊见过几只，都是釉里红的，一直未遇上自己喜欢的单色釉。

艺术家要耐得住寂寞，收藏家又何尝不是。刻意去找的东西，往往找不到，天下万物的来和去，都有它的时间点，我们需要准备的是心态，急不来的。花开花落自有时。我耐心地等待，等待着与苹果尊机缘的到来。

寒来暑往，风霜雨雪，一年又一年，三年过去了，我依然默默地蛰伏着。青青子衿，悠悠我心。

众里寻它千百度。2018 年元旦刚过，一只郎窑红釉苹果尊果真出现在了拍卖场上，且与 2015 年嘉德春拍高价成交那只大小相若，只不过嘉德那只是釉里红，而这只是郎窑红。

郎窑红釉瓷器是康熙御用瓷器里的一代名品，是康熙时期著名督陶官郎廷极为仿烧已经失传的明宣德宝石红釉时，百般仿烧无奈烧不出宣德宝石红釉，却意外烧出的一种全新的红色釉。其色红得浓烈，有些地方因积釉而呈现暗红色，表面上大多有玻璃质光泽，这就是郎窑红釉。

清康熙郎窑红釉苹果尊

釉面光洁透亮，有玻璃质感，色深处红艳，有“明如镜、润如玉、赤如血”的特征，釉色莹澈浓艳，光彩夺目。

我在“冯玮瑜亲历收藏系列”之《你所不知道的中国收藏》一书中的“前世今生”章节里已对郎窑红釉有详细介绍，郎窑红釉是以铜为着色剂，用 1 300 摄氏度高温烧成，是中国名贵铜红釉中色彩最鲜艳的一种。由于对烧成的气氛、温度要求很严，烧制一件成功的产品非常困难。当时有民谚说，“若要穷，烧郎红”，可见郎窑红釉瓷器在当时就非常昂贵。

铜红釉创烧于14世纪的元末明初，以当时的生产技术而言，如何烧制出铜红釉，乃陶瓷史上一大难题。铜红釉发色极难，要在高温下用适当的还原焰煅烧，才可以烧成美丽的宝石红色，只要温度略有偏失，或还原不足，或部分氧化等，都可能造成发灰、发绿、发黑、或烧失等多样瑕疵，直至在明宣德年间才烧制成功，这种铜红釉烧成后如宝石般红润，烧成者极稀，极其珍罕，为世所珍。

玮瑜说瓷

铜红釉，又叫宝石红釉、鲜红釉、霁红釉、祭红釉，是以铜作为着色剂，在高温还原气氛中烧成的一种红釉，鲜艳夺目。

或许是烧制成本太昂贵了，连御窑都没有大规模烧制，故懂得烧制铜红釉技术的工匠不多。岁月流逝，人事代谢，铜红釉烧制技术在宣德之后竟然失传了，明代的景德镇御窑厂再也烧不出以铜为着色剂的高温宝石红釉瓷器。即使是皇家的御用瓷器，也只能用低温的珊瑚红釉来代替高温宝石红釉了。

直到清代康熙皇帝亲政后，平三藩、收台湾，海晏河清，开创大清盛世，在国力昌盛下，康熙决意复烧已停烧了近三个世纪的铜红釉瓷器，在督陶官郎廷极的督导下，御窑厂研究配方，提升工艺水平，终于成功复烧了高温铜红釉瓷器，不过，这种新烧出的高温铜红釉与明代宣德宝石红釉有着明显的不同，其色浓若牛血，世称为郎窑红釉。

郎窑红釉瓷器我已藏有几件，都是在海外漂泊多年后才入藏我家的，有的还曾是海外博物馆馆藏旧物，但郎窑红釉苹果尊我是第一次在拍场上见到。就苹果尊而言，市场上郎窑红应该比釉里红还要少见。

这只郎窑红釉苹果尊出现在保利厦门国际拍卖有限公司的 2017 年秋拍上，虽然说是 2017 年秋拍，但拍卖日期实际上是 2018 年 1 月 8 日。这场秋拍里“中国古董珍玩”专场的第一件拍品就是这只郎窑红釉苹果尊。

对市场上不常见的拍品，如果自己准备参加竞拍的，我一向都会小心查证。我首先查看图录，据拍卖图录介绍，它有显赫的来历：

> 此尊来源于美国南加州 Ira.Koger 和 Nancy.Koger 夫妇旧藏，其后经美国著名古董商 Ralph M.Chait Galleries 收藏并售出，来源清晰，传承有绪。
>
> Koger 夫妇专注于收藏中国陶瓷，藏品包括中国各时期的代表精品，重点收藏明清官窑瓷器。目前大多数藏品藏于佛罗里达州 Ringling 博物馆，这件是其中之一。1985 年，Mr.Koger 与 John Ayer 合作精心挑选其藏瓷，由苏富比为其出版《Koger 珍藏中国瓷器》（*Chinese Ceramics: The Koger Collection*）一书。之后这批选粹精品于美国南部各州博物馆举办同名巡展，本品即为参展的选粹之一，精巧细致不言自明。
>
> Ralph M.Chait Galleries 是美国纽约一家由家族经营的艺廊，专营中国古董艺术品，由 Ralph M.Chait 于 1900 年创建，目前该店由其子 Allan Chait 掌管，其客户不乏收藏界知名人士。

Ralph M.Chait 是经营中国瓷器历史悠久的美国古董商，1909 年从伦敦到美国；20 世纪 20 年代末，于纽约开设第一间艺廊，凭借对古董艺术高水平的眼光，Ralph 很快成为极受尊敬和信赖的经销商权威。其客户包括洛克菲勒家族、美国总统胡佛、美国参议员、Percival David 爵士和许多杰出收藏家。

苹果尊、单色釉、名家旧藏、博物馆旧藏、多次国外博物馆展览、有出版著录……除了品相状态未知外，其他完全合乎我“流传有绪、器型完美”的入藏条件，还附加了“有出版著录”这一加分条件。想到它出自著名藏家，又是博物馆旧藏，市场难得一见，凡此种种，当让人追慕企盼。

保利厦门公司创办时的首场拍卖会，我曾专门去支持竞拍了一件 200 多万的明宣德甜白釉暗花莲子纹碗，当时还不认识他们老板郭仲桦、陈珊夫妇。后来大家熟悉了，每逢保利厦门拍卖，郭总都会邀请我去厦门，这次也不例外。郭总专门打电话邀请我去厦门，说房间已帮我留好了。

中国幅员辽阔，山雄水秀，各有特色。一方水土养一方人，收藏文化及喜好也有区域特色和偏好，像山东的书画、佛山的陶塑、漳州的寿山石……厦门近年来异军突起，成为瓷器收藏的重镇之一，这与郭总夫妇的大力推动有莫大关系。他们夫妇身体力行，不遗余力地推广收藏文化，在当地形成了风气，影响了一大批藏家、企业家、爱好者进入瓷器收藏领域。厦门收藏文化的繁荣兴旺，郭总夫妇功莫大焉。

想到这只郎窑红釉苹果尊，自忖三年磨一剑，也该偶尔露峥嵘了，该出手时就出手。

保利厦门国际拍卖有限公司董事长郭仲桦（右）、陈珊（中）夫妇与冯玮瑜合影

我买好票，准备直奔厦门而去，拟到预展现场亲自上手这只苹果尊，查验它的品相，看看它的实际釉色，验验有没有残损、磕碰等瑕疵。我联络了保利厦门国际拍卖公司陈嘉莉经理，她把入住酒店及专车接送都帮我安排好了。

万事俱备，哪知临出发的前一天，广州这边忽然有要事走不开，没办法，我只得放弃去厦门。

不能亲自去预展现场上手这只郎窑红釉苹果尊，当然会影响对这件拍品的判断。不过这种情形并不罕见，早有方法应对，能把影响降到最低。

对于参加竞拍，我通知嘉莉以电话委托方式参拍，嘉莉发来委托单，我填好发给她，电话委托的事就办妥。

至于查验本品相，我请嘉莉把拍卖行所做的品相报告发来给我，另外，又请嘉莉把这只苹果尊从多个角度拍多些细节图发过来给我参考。

嘉莉从多个角度发来多幅苹果尊照片，并说："器物是全美的，没有瑕疵，核对过1985年的外国出版著录，确实是同一件。"

同时，我又请在厦门预展现场的朋友帮我上手看看，朋友复我："器物到代，没有问题，釉色尚可，现场很多人在看，估计不会像图录标的无底价那么便宜。"

"你估计是什么价？"

"10万左右吧。"

10万是行家朋友的估价，认真看过嘉莉和朋友发来的照片，我心里就有数了：拍卖行定的无底价起拍，是为了吸引买家而弄的噱头，不可作准。朋友定为10万，那是生意价，这个价钱一定比市场价要低，因为行家买回来再卖出去才有钱赚。半年前，国内有家拍卖行拍出一只卢芹斋旧藏郎窑红釉高足杯（有冲线瑕疵）为二十多万元。同为郎窑红釉瓷器，同是名家旧藏，二者可资比较。我想，这只苹果尊，釉色尚可，器型完好，等级也比高足杯更高，参照比较，价钱应比高足杯高些，30万左右可考虑入藏。

说也奇怪，我一边分析，一边心中有个强烈的预感：这只苹果尊，倦鸟归巢，是奔我而来的。

于是我暗下决定，在自己的预设价30万内竞价。

我问嘉莉电话委托手续是否全部办妥，嘉莉复好已经办好了，并且拍卖时是由她代我举牌竞价。

郎窑红釉苹果尊是"中国古董珍玩"专场的第一件拍品。果然不出所料，一开拍，多人哄抢，哗啦哗啦出价就冲过10万元了。什么无底价，这年头哪有什么漏啊！随后轻松超越15万，然后继续上冲，20万也到了，按这样出价竞争法，保不准几下就冲过30万了。

拍场如战场，我立即改变策略，把出价改为1万一口来加价，这样做的目的是减小价差，一来让人们感觉价格已经快到顶了，二来拖慢竞价节奏，让大家别冲动。电话那头的嘉莉有点迟疑，可能是听见我改变“2、5、8”的出价方式，有点突然，未反应过来。我遂再次重复：“加1万。”嘉莉便按我意见出价：“21万。”

这种情况下，拍卖师可以考虑接不接受我提出的应价，如果拍卖师坚持要按“2、5、8”阶梯出应价，价格还得按2万、5万、8万这样加上去，在这种情形下，我得考虑接不接受，如果我不接受，不再出价，那这件拍品的竞价就结束了，拍品价格就定格在这里，高不上去了。同样道理，当我提出加价1万时，拍卖师就得根据现场情况来把控。这是竞价者和拍卖师的博弈。

幸好，这场的拍卖师明智地接受了我1万的加价。可对手也跟着调整出价阶梯，也是出价1万。加价速度马上就慢下来。双方你来我往，1万1万地加价，直到27万才落槌，终由我竞得。

尘埃落定的那一刻，嘉莉在电话里略带激动地恭喜我。

苦等几年，终于守得云开见月明。

自它出现在保利厦门拍场上，就没想过它会落入旁人之手。它都奔我而来了，哪会让它过家门而不入继续飘零呢?

这只郎窑红釉苹果尊是由嘉莉亲自送到广州交给我的，并且还把1985年10月1日出版的《Koger珍藏中国瓷器》（*Chinese Ceramics: The*

清康熙郎窑红釉苹果尊拍卖现场

“中国古董珍玩”专场第一件拍品。一开拍，多人哄抢，最终由冯玮瑜以 31 万多人民币竞得。

Koger Collection）一书带来给我，翻开本书第 157 页图 128，这只苹果尊赫然在目——果然是旧著录里的器物。

书中是这样说明的：康熙年间的牛血红釉瓷器，直径 $3\frac{3}{4}$ 英寸。这个苹果状的容器是放在写字台上用的，相似形状的桃花釉（即豇豆红釉）的容器也出现在这个时期。

《Koger 珍藏中国瓷器》

所谓牛血红，是郎窑红的另一种称谓。这说明在美国多个博物馆的一系列展览里，专家对它的断代就是康熙本朝。

把这只苹果尊拿在手上欣赏，只见造型饱满，丰肩圆腹，口沿内凹，卧足底，底施白釉，白中泛黄。器物无款，器身釉层肥厚圆润，釉色深红但不太均匀，因积釉而显得红釉色深浅不一，器物呈现典型的康熙郎窑红釉瓷器工艺特征。

整器小巧怡人，真像一只大红苹果！

虽然竞拍前没有上手过，现在才第一次见到，却如同故人重逢。我拿着苹果尊，看得满心欢喜。

清康熙郎窑红釉苹果尊局部图

器口内凹、无颈、圆腹，器口仿似果蒂下凹于圆腹之中，惟妙惟肖。

清康熙郎窑红釉苹果尊

嘉莉告诉我："这只郎窑红釉苹果尊虽然不是封面拍品，不是高价拍品，可它却是明星拍品啊，预展时大家都抢着看，往往这个刚看完摆回展柜，另外一个又要看，是秋拍预展里出场率最高的拍品。"

"真的吗？"我顺口问一句，在我眼里，这只苹果尊真的可爱极了。

"一点不假，因为它无论器型、釉色都十分讨人喜爱，又方便上手把玩，特别是价格不贵，性价比高，大家都能买得起，所以大家都争着要上手看。不过拍前行家估价为 10 万左右，连我们也没想到能拍到 30 万。"

我笑着说："是的，行家与藏家是有差别的，行家要考虑赚取买卖差价，所以对出价比较谨慎，而藏家则考虑是否合适纳入收藏体系，故价格会高出几口。"

嘉莉也高兴地说："还是姐姐厉害，击败了那么多对手。"

"其实也已到了我的上限，差点买不到了。"

"啊？"嘉莉瞪大了眼睛，吃惊地看着我。

我向嘉莉解释说："你不是说现场很多行家都争着上手看吗？说明关注它的人还不少，也说不定有人在预展里故意放风说 10 万左右，喊低价格来压价，以便过了 10 万就没人来争抢，让自己得以购入。现在出身好又完美的器物价格哪有便宜的！好东西一定会有好价格，将来还会更高。不过，我倒不是意气用事乱出价，我一向都很理智，事前就预计是 30 万左右，说明我的判断还是准确的。说实在话，落槌过了 30 万我就会放弃的。"

嘉莉倒吸一口气，一副吃惊表情："很险啊，落槌价已到 27 万了！"

是的，落槌价 27 万，加上佣金就 31 万多。

这只郎窑红釉苹果尊就是在最恰当的时刻，以最恰当的价格与我相聚的。

落槌价已差点到了我自定落槌价的上限，再举高几口价，就会与我无缘。

嘉莉听后，拍拍胸口，一副吃惊后怕的样子。

保利厦门拍卖公司陈嘉莉经理（右）持《你所不知道的中国收藏》与冯玮瑜合影

我不无抱怨地对她说：“还不是怪你们！你们做拍卖公司的，把起拍价定得为无底价，弄得人人都以为有漏可捡，蜂拥而上，结果天下无漏，反而高出了市场价。如果你们一开始定为20万起拍，就没那么多人去争了。”

嘉莉不说话了，扭头装着看我挂在墙上的道光皇帝御笔“永受蕃釐”的匾额，偷偷地抿着嘴笑，笑得坏坏的。

南北朝时的文学家谢惠连《雪赋》诗云：“朱颜酡兮思自亲。”这一只苹果尊，釉色如美人酡醉，摆在案头，让人浮想联翩。想它海外飘零数十秋，归来红颜仍依旧，可谓不改初心，不老容颜。

万里风霜，幸好归来，仍是醉颜红。艳而不俗，浓而不媚，自有康熙盛世之气息扑人眉宇。

一偿所愿，郎窑红釉苹果尊就这样摆放在我的案头。

想当日它陪伴康熙皇帝处理军政要务，那御批墨迹，分明曾用它盛水来研磨墨汁，它参与过多少国家大事啊……

今日它静静地伫立案头，看着我婉约挥毫，红颜相对，相看不厌。

人家三只苹果就改变了世界，我得到这只“苹果”后，太阳每天仍旧东升西落，长江、黄河依旧大江奔流，珠穆朗玛峰依旧巍然耸立，世界并没有因为我得到一只苹果尊而有什么改变。

冯玮瑜练习书法

红色是喜庆之色，也是风水学里旺财的颜色。2018 年刚开年，这一只红苹果飞入家门，莫非真像风水大师所说那样财星降临，财神已到？

“等闲识得东风面，万紫千红总是春。”（朱熹《春日》）这个春天，来得格外早。

这只郎窑红釉苹果尊，真的会带来财运吗？

2019 年 7 月 13 日，应保利艺术讲堂邀请，我为保利艺术讲堂作广州首次讲座，为收藏爱好者开讲“藏富密码——近年艺术品市场的趋势研究”，分析艺术品市场的走向，解开藏富密码。屏幕的背景板节选用了这只郎窑红釉的部分，只见红色浓烈绚丽，釉色深浅交替自然，玻璃光泽下还带有道道细碎没规律的开片，真是美艳得不可方物。

听众一进来就被这郎窑红的釉色吸引住了，纷纷问我这是什么样的红色？怎么比过去见到的红色漂亮多了！我告诉大家这种浓而不媚的红色叫郎窑红，我把手上拿着这只苹果尊的照片给大家看过后，大家都啧啧称奇，

冯玮瑜为保利艺术讲堂作广州首场讲座

屏幕的背景板用了清康熙郎窑红釉苹果尊的局部釉色

座无虚席的讲座现场

交口称赞，都说不仅像真的苹果，而且更红艳鲜明，颜色漂亮极了，没想到我们在古代时就有那么美好的东西。

这就是文化艺术的感染力，美是能够打动人的。我这些年不遗余力地推广和传播中华优秀传统文化，就是让人们品味艺术、认识美，让艺术融入现代新生活方式，古今融合，相得益彰。

苹果在手，问苍茫大地，谁主沉浮？

玮瑜谈收藏与理财

好货不便宜，但即使面对优质资产，也要在价格合理时才出手

为一家伟大的公司支付公平的价格，

胜过为一家平庸的公司支付便宜的价格。

沃伦·巴菲特的黄金搭档　查理·芒格

苹果尊是康熙御窑特有的器物，只在康熙时期有烧制，之前和以后的朝代均没有烧制。因其时代鲜明，器形特殊，又是文房之物，所以我心心念念也想要拍得一只苹果尊。即使如此，我也一直克制冲动，终以合适的价格入藏。虽然好东西通常都会贵一些，但一定要在合理价格范围内出手。

我们寻找上市公司的股票时，在那么多股票代码里面，什么样的公司才算好公司呢？巴菲特有一个著名的护城河理论，该理论认为一家企业建立起可持续的竞争优势后，就可以保护该企业长期抵抗住竞争对手的进攻，因此也就能源源不断地获取利润。简单来说，“护城河”就是一家企业难以被其他企业复制的优势。

著名价值投资分析专家帕特·多尔西对巴菲特的护城河理论进行了研究，他把企业优势概括为如下几类：

无形资产：比如品牌、专利等，它们价值非凡；

转换成本：客户放弃你的产品转投其他产品的成本非常高，粘着不走的客户不是麻烦，而是你的黄金客户；

网络效应：用户越多，价值越大；

成本优势：持续以低于竞争对手的价格出售产品或服务；

规模优势：规模越大，企业越强，但前提是你一定要找准方向。

快餐业是一个竞争激烈得让人难以置信的行业，我们完全可以想象，一个任由服务质量江河日下，同时又不能与消费者口味保持同步的餐饮企业将遭遇怎样的境况。事实上，2002年媒体曾描述麦当劳身处这样的困境。然而，麦当劳那无人不知、无人不晓的品牌就是它最安全的护城河，再加上其广泛分布的经营网点，最终它通过改善经营，重整旗鼓，再度辉煌。

在市场出现反常时，那些拥有护城河的企业的非凡价值更容易体现，能够迅速从困境中跳脱出来。学会分析一家企业的护城河，这样才能更深刻、更清晰地认识到，该企业面临的问题是暂时性的还是永久性的，才有底气对其投资。护城河是相对的而不是绝对的，在一个具有内在吸引力的行业里，即使排名第4的公司，其护城河的宽度也很有可能会超过激烈竞争行业中的老大。

如果我们能发现别人没有发现拥有护城河的企业，那么我们就更容易以合理价位甚至低价买到该公司的股票，打造一个精妙绝伦的投资组合。同理，辨识出那些没有护城河但却被市场盲目推崇的企业，我们就能避免在投资上犯错。

07

第7章 三生石畔勘因缘

一只清乾隆仿定白釉饕餮纹洗口瓶入藏及“打假”记

开一扇时间之门，

让故事穿越时光。

写就一部长诗，

倾听盛世之声。

藏品名称 清乾隆仿定白釉饕餮纹洗口瓶

年代 清乾隆

款识 “大清乾隆年制”六字三行篆刻方款

尺寸 高度 20 厘米

来源 香港佳士得春拍 2013 年 5 月 29 日，编号 2277
西泠拍卖 2016 年 12 月 17 日，编号 3184

著录 《五色祥云——自得堂藏宋元明清单色釉瓷器》第 182 页，广东省博物馆 2021 年

展览 广东省博物馆“五色祥云——自得堂藏宋元明清单色釉瓷器特展”2018 年 7 月 28 日至 2018 年 8 月 28 日

冯玮瑜藏瓷精选

此瓶造型秀巧可爱，线条起伏丰富，胎体轻盈细白，透明釉清亮匀净，釉面开片，纹饰繁复，层次丰富；颈腹部皆有一道留白弦纹凸起，与瓶口外凸的造型相呼应，古意盎然。造型融高古与创新为一体，是为乾隆御窑仿定窑之无上隽品。记往日寻它无觅处，孤影踏归途；看今朝风起云开，弦翻塞外声；料将来暗香浮动，相伴过年华。

北宋的大文豪苏东坡曾在《僧圆泽传》中写过一个非常有意思的故事：

故事发生在唐朝。李源与僧人圆泽禅师是好朋友，他们相约一起前往峨眉山参拜普贤菩萨。李源想走水路从湖北沿江而上，圆泽却主张由陆路取道长安斜谷入川。李源坚持要走水路，圆泽只好依他，并感叹说："一个人的命运真是由不得自己呀！"

于是他们一起走了水路，到达南浦，将船靠在岸边。看到一位穿花缎衣裤的妇人正在河边取水，圆泽看着就流下了泪来，对李源说："我不愿意走水路就是怕见到她呀！"李源吃惊地问他原因，他说："我注定要做她的儿子，因为我不肯来，所以她怀孕了三年还生不下来，现在既然遇到了，就不能再逃避。三天以后婴儿洗澡的时候，请你来看我，我以一笑作为证明。十三年后的中秋夜，你来杭州的天竺寺外，我一定来和你见面。"当晚圆泽就圆寂了，孕妇也于当晚产子。

三天后，李源去看婴儿，婴儿见到李源果真露出微笑。

十三年后，李源从洛阳到杭州西湖天竺寺，去赴圆泽的约会。中秋月下，忽闻葛洪川畔有牧童双髻短衣，乘牛叩角，唱着《竹枝词》而来，至寺前，扣角而歌曰："三生石上旧精魂，赏月吟风不要论，惭愧情人远相访，此身虽异性常存。"

李源听歌辩词后知道这位是转世的圆泽了，便趋前问："泽公健否？"牧童答道："李公真信士也，我与君殊途，切勿相近，唯以勤修勉之。"接着又歌曰："身前身后事茫茫，欲话因缘恐断肠，吴越山川寻已遍，欲回烟掉上瞿塘。"唱罢便骑牛而去，不知所终。

杭州西湖天竺寺外，还留有一块大石头，据说就是他们当年隔世相会的地方，那块石头就叫作"三生石"。

心中有所念念，我专门去杭州寻访过三生石。三生石在与飞来峰相连接的莲花峰东麓，是"西湖十六遗迹"之一。该石高约 10 米，宽 2 米多，峭拔玲珑。石上刻有"三生石"三个碗口大小的篆书及《唐·圆泽和尚·三生石迹》的碑文，记述"三生石"之由来。石上多唐、宋时的题词石刻，大多已不可辨认。

我述说这段故事，并非宣扬佛家的轮回故事，而是在收藏过程中，有些物事仿佛是前生注定。如果是你的，不管经历是否曲折，终有一天会与你相聚。

今天就说说一只清乾隆仿定白釉饕餮纹洗口瓶与我的散聚故事，这件事也是发生在杭州。杭州有个湖叫做西子湖，西子湖畔有条堤叫白堤，白堤尽

冯玮瑜在三生石前留影

三生石的三生分别代表前生、今生、来生，常用为前因宿缘的典实。

处有座小山叫孤山，孤山脚下有座倚山襟湖的院落，这家外表寻常的院落却非寻常，它名震中外，开一代文风，它的名字叫作西泠印社。

西泠印社创立于清光绪三十年（1904 年），其以“保存金石、研究印学，兼及书画”为宗旨，在杭州孤山买地建房，修契立约，是海内外研究金石篆刻历史最久、成就最高、影响最广的学术团体，有“天下第一名社”之盛誉。

西泠印社自创建以来，历经世变而文脉未断。在2004年12月成立的西泠印社拍卖有限公司，以商业模式助力和推动西泠印社的历史文化和影响力，延续百年印社人文精神。

冯玮瑜在西泠印社

草蛇灰线，伏延千里，故事先从香港开始。

话说在2013年5月29日香港佳士得春拍，出现了一只乾隆仿定白釉饕餮纹洗口瓶（也称盖碗尊），编号为2277，器型独特，仿定白釉色，极为雅致。我还是第一次见到这种釉色器型，所以上手仔细鉴赏：此瓶洗口、长颈、折肩，外撇圈足，通体施白釉，呈定窑釉色，刻花纹饰，腹部饰垂叶纹一周，上托回纹。肩上饰饕餮纹，颈部正中二圈联珠纹，口下饰叶纹，近底处凸印

玮瑜说瓷

洗口：是瓷瓶、瓷罐等容器的口部形式之一，一般为浅直壁，折收，下接细颈，形状类似笔洗，所以称为洗口。

折肩：陶瓷的瓶、罐等器的肩部形式之一，造型为器物的肩部至腹部之间的交接处有明显的转折，转折处外部有棱角。

莲瓣纹，底刻“大清乾隆年制”篆刻款。

上手感觉它重量较轻，可知胎质很薄，是浆胎产品。所谓浆胎，就是选择细腻的瓷粉，加水淘洗澄清，融成细泥浆而制成，其色如米浆，质轻而薄，一般做较精致的细瓷器。

它的釉色也与传统的白釉不一样，釉色如粉定，给人一种很素雅的感觉，如同不施脂粉的美人，素面朝天，却难掩天生丽质，有一种独特的韵味——这是我第一次见到此种釉色的感受。

玮瑜说瓷

粉定：定窑是宋代著名瓷窑之一，以生产白瓷而驰名。定窑瓷器釉色纯白滋润，釉为白玻璃质釉，略带粉质。其中精细规整、白度很高的称为粉定，胎质粗而釉色偏黄的俗称土定，紫色者为紫定，黑色如漆的为黑定。

乾隆好古、摹古，经常下旨让唐英仿烧历代名瓷。定窑是宋代五大名窑之一，特征是胎薄而显轻，釉色白净而略显牙黄。乾隆仿定窑主要是仿其釉色，而造型和纹饰均保留有鲜明的乾隆时代特征，在器物底部的款识大多是“大清乾隆年制”字样，说明乾隆仿古瓷不是为了造假，更像是为了竞技，而用浆胎来仿定窑，那就是胎质都要跟宋定窑相类似了，可见这是乾隆用心来仿烧，非比寻常。

由于是第一次上手这种浆胎仿定釉瓶，我看得特别仔细。发现此瓶有一个非常奇特的地方：全身开片纹，但开得不像官窑、哥窑的深浅明显，而是浅细浅细的开片，乍眼一看只见白釉不见开片，仔细看才发现满身开片。

除了目鉴外，我还用紫光灯检测。当我打开紫光灯一照，吓了一大跳！在紫光灯下片纹全部呈荧光反应，满瓶全身都是。难道全身都是碰坏了？——“炸了”？

我狐疑万分，又拿出放大镜认认真真地细看，片纹只是开在釉上，并没有开裂过胎质，这才断定不是冲线，只是开片纹而已。是浆胎导致片纹还是这种仿定白釉导致开片纹呢？

清乾隆仿定白釉洗口瓶肩上所饰的饕餮纹和腹部饰垂叶纹

我以前没见过这种乾隆浆胎仿定白釉的开片，在没有借鉴对比弄清楚的情况下，“宁可错过，不可买错”，这是我的入藏原则。心里有疑惑，就不敢造次轻易举牌。拍卖时我作壁上观，此瓶以687 500港元的成交价被他人抱走。我就这样与这只乾隆洗口瓶擦身而过，当时也没什么感觉。

半年之后，到了2013年11月27日，香港佳士得秋拍在“缤采御瓷——美国精粹收藏珍品”专场又出现一只编号为3205的乾隆仿定白釉饕餮洗口瓶，图录注明是张宗宪旧藏，曾于1993年在伦敦佳士得做过展览，2000年10月于香港佳士得张宗宪专场拍卖，这次又在香港佳士得重现市场。

又见到这种乾隆浆胎仿定白釉瓷器了，当然会上手认真比较了。凡以前未见过的器型、釉色，一旦过目，我都会记入脑海里。

张宗宪旧藏这只与上一只对比，器型、大小、纹饰完全一样，但刻工更精美，釉色更纯白，也同样是满身开片纹，在紫外线灯光下，同样满身片纹都是荧光反应。

张宗宪先生是香港著名古董商、大收藏家，对藏品的要求高，他有一句名言：“古董这样东西，有一点点裂纹，破一点点都不行。一件完整的瓷器值一千万，有一点毛病只值一百万。”以张宗宪先生的眼光和要求，断不可能他的藏品整件都炸了。

两只都一样，我就知道这种浆胎仿定白釉是会满身开片纹的。

既然弄清楚了，而且来源好，又展览过，那就出手吧。

张宗宪旧藏这件拍品，估价是160万元至180万元，拍卖时从160万元起叫，争到300万元我就败下阵来，结果以400多万元落槌。真是“强中自有强中手”，力不如人，我输得不冤。记得是由著名古陶瓷鉴赏家陈连勇先生举牌竞得，据传他是代表某收藏机构举牌的。我那时跟陈老师虽然认识，但不太熟，不好向他打听内情。

著名古陶瓷鉴赏家陈连勇先生（右）和冯玮瑜合影

香港佳士得春拍那一件拍品与张宗宪旧藏这件拍品相比器型、大小、纹饰完全一样，成交价却有天壤之别。除了后一件“张宗宪旧藏”会带来增值外，两者品质还是有差别的，手工制作不似现代机械化生产的复制，每一件都是原创，烧成效果是有差异的，如果说张宗宪旧藏这只是浣纱的西施，那前一只虽然也是白衣美女，却终不及沉鱼的美人。

得不到美若天仙的西施，自然回想前尘，前一只也不错呀，总好过两手空空，但错过了，已不知花落何家，想必此生无缘再亲炙。

好东西就这样失之交臂了。

一晃三年过去了。

2016年12月3日，北京荣宝2016年秋拍图录《荣宝斋·花庭妙趣·古董文物造像》的封面赫然就是一件青花饕餮纹洗口瓶。查看图录内容，图录说明是乾隆的儿子嘉庆帝时期的，而且是嘉庆早期，目前存世仅得二件。观其器型大小与2013年香港佳士得出现的乾隆仿定白釉洗口瓶一样，也是满身开片纹。

再次见到这种器型，睹物思瓶，勾起往事的回忆，三年前错过的遗憾，蓦然涌上心头，“别自伊人桃叶渡，忆昔饕餮泪潸流”。想起了当年失之交臂，怅然若失——如今俱是异乡人，相见更无因。

几天之后，西泠拍卖的图录到了。

因为西泠拍卖以书画、金石类拍品为主，所以我以往在西泠只会拍得一些书画、砚台。这次打开西泠的图录里瓷器专场，忽见有一件编号3184“清乾隆仿定窑白釉兽面纹盖碗尊”，估价是65万～80万元。拍品的名称有点生疏，器物却很眼熟——这不是我念兹在兹的那只在2013年香港佳士得露过面的乾隆仿定白釉饕餮纹洗口瓶吗？不知为什么，西泠换了一个器名，叫“清乾隆仿定窑白釉兽面纹盖碗尊”，把“饕餮纹洗口瓶”改为“兽面纹盖碗尊”，名称虽不一致，器物却是同一件。

西泠图录并没有注明出处，但自2013年至今，国内外重要的大拍，这种仿定白釉洗口瓶我只见过两件上拍，现在西泠出来这件，莫不是其中之一？这种乾隆仿定白釉洗口瓶本来就不多见，不可能突然冒一件出来，假如真是2013年香港出来的两件之一，那么极有可能是2013年佳士得春拍那件，因为佳士得秋拍的张宗宪旧藏是400万落槌的，不会现在以几十万释出。

我立即咨询西泠拍卖瓷器部总经理董量，他当即确认，此瓶就是2013

年佳士得春拍编号 2277 那一只，还给我发来各个角度照片，并特意把洗口瓶慢慢旋转一圈，拍下视频，与品相报告一并发了过来。状态判断为：完美。这只洗口瓶的底部，真的有香港佳士得 2013 年拍卖的 2277 号标签——果然是它！当真是“踏破铁鞋无觅处，得来全不费工夫”。

虽然我没在西泠拍卖竞买过瓷器，但我与西泠倒不生疏。西泠拍卖在国内拍卖业独树一帜，总经理陆镜清先生的大名在行业内如雷贯耳。2016 年 1 月 17 日，我曾专程去杭州拜访陆总，陆总的脸色红润，眉目清秀，温文儒雅，见识高颖。

2016 年 5 月 8 日，西泠拍卖来到广州公开征集。虽然我没有送拍，但“有朋自远方来，不亦乐乎？”我设宴专门接待陆总，略尽地主之谊。宾主开怀畅饮，谈笑风生。我谈起自己在西泠竞得书画、砚台，谈起西泠拍卖的强项金石类别，谈起西泠拍卖在业内首拍砚台、金砖、盘景，每每开风气之先，令人佩服。谈得兴奋之处，陆总意气风发，他说秋拍准备拍一场青铜器专场，我将信将疑，问道：“国家有限制，青铜器除非是新中国成立前已有明确出处的，否则不让上拍，我见过一两件上拍的，可没见过一个专场上拍的。”

陆总意气风发：“我不是一两件，而是一个专场。”

“哗！那又是一个开风气之先的专题拍卖啊！”我由衷地赞叹。

“看我的吧。”陆总信心满满。

果然，到了 2016 年西泠秋拍，就见到了“金石同寿·青铜器专场”。“但开风气不为师”，西泠好样的！不仅如此，在 2017 年 7 月 15 日午夜，西泠又以 2.13 亿元人民币拍出一只“西周青铜兮甲盘”，创下国内青铜器成交价最新纪录。陆总当即发表感言说：“西泠拍卖从不追逐亿元拍品，我们着重于各个专场的文化积累。西泠拍卖的所有天价纪录，都不是单一地刻意追求价格，而是对中国文物价值的执着。”

西湖灵秀地，风雅文人心，有西泠印社百年延续的文脉熏陶，才会有西泠拍卖的文采风流与叱咤风云。

这只在西泠上拍的乾隆仿定白釉刻饕餮纹洗口瓶，是我曾经上手旧物，心中了然，由于器型独特，釉色别致，所以印象深刻，就不用再飞去杭州看拍品了，我直接下了电话委托。

2016 年 12 月 17 日，杭州西泠拍卖激战正酣，朋友圈里不断刷新消息，竞投踊跃，场面热烈，成绩喜人。

瓷器拍卖专场原定是晚上 8 点半开拍。晚上 8 点，西泠拍卖来电话说：“现在书画拍卖还在进行中，拍完书画后，还有一场青铜器拍卖才到瓷器，估计会比较晚，请耐心等待。”

在西泠拍卖现场的张志大哥也在朋友圈发出动态：“浙江这地方，自古不缺文化氛围，富甲天下，更是不差钱。西泠拍到半夜了，书画还没拍完，接着还有青铜器，瓷器要下半夜了。”

果然，在踏入 18 日凌晨的时候，西泠拍卖的委托电话来了，说还有三个号就到我的委托，先通着电话，不要挂断，等一等。电话语音非常清晰，拍卖师每一个报价都听得清清楚楚：编号 3182 康熙鱼子绿釉梅瓶以底价 70 万元落槌。紧接着封面上编号 3183 康熙青花釉里红团花纹摇铃尊由 600 万元起拍，竞争至 920 万元落槌。随后就轮到了我委托的编号 3184。有人抢先以底价 65 万元应价，我马上加了一口价 68 万元，别人又还了一口价 70 万元。我迟疑了一下，心中暗想：13 年成交价是 69 万港元，当时人民币与港币的兑换率约 0.8，即约为人民币 55 万元，3 年后 70 万元，有 20% 的增值，在目前市场下，也可以了。我想，价钱也就差不多了，就加多一口价吧："72 万。"这时没有人再争了，拍卖师以 72 万元落槌，加上佣金，成交价为 82.8 万元，我轻松拿到了这只乾隆仿定白釉洗口瓶。

有缘千里来相会，相逢却是曾相识。

阅尽世间还是你最好。从香港到杭州，从杭州到广州，辗转曲折，来回绵延数千里。当年失之交臂，今日再度重逢，失而复得，终让我得偿所愿。世间最美好的相见是久别重逢。

人生是一条单行道，无法回头，错过了一时，往往就错过了一世。倏忽三秋，故人归来，别来无恙，这是何等的缘分，西子湖畔，三生石在。冥冥之中，我们还是走到了一起。

乾隆帝雅好文物古玩，精于鉴赏，王公大臣多投其所好，一时之间尚古之风盛行，制瓷也不免受其影响。

此类饕餮纹洗口瓶造型应源自汉铜壶，饕餮纹、蕉叶纹也是古铜器上常见的纹饰，而莲瓣纹、回纹则是乾隆朝流行的纹饰，这样集复古与创新于一体的工艺，是乾隆官窑的特色，至于釉色粉白，为仿宋粉定之釉，唐英的《陶成纪事碑记》中记载："一仿白定窑，只仿粉定一种。"

此瓶造型秀巧可爱，线条起伏丰富，胎体轻盈细白，透明釉清亮匀净，釉面开片，古意盎然，通体剔刻纹饰，自上而下装饰卷草纹、蕉叶纹、联珠纹、回纹作为辅助纹样。肩部的主题纹饰是饕餮纹。其层次丰富，过渡清晰，颈腹部皆有一道留白弦纹凸起，与瓶口外凸的造型相呼应，纹饰繁复精细。

肩部的主题纹饰饕餮纹与夔纹、龙纹、凤纹一样，都属于远古传说的神话动物的纹式，是青铜器上常见的纹饰之一，最早见于长江中下游地区的良渚文化陶器和玉器上，盛行于商代至西周早期。

商代青铜器上的饕餮纹

饕餮是商周时代尊崇的一种怪兽，只有一个大头和一个大嘴，十分贪吃，见到什么吃什么，贪吃到连自己的身体都吃光了，所以其形一般都有头无身，它是贪欲的象征。《吕氏春秋·先识》云:“周鼎著饕餮，有首无身，食人未咽，害其及身。”

饕餮纹凶猛庄严，结构严谨，境界神秘，具有凝重而神秘的艺术特色，所呈现出的狰狞恐怖具有一种神秘的威严感，体现了一种狞厉之美，也体现了一种兽性的残忍。后人使用饕餮纹一方面为了张扬其威严，以震慑邪魔；另一方面是告诫人们不可过于贪暴。

此瓶底部敷施仿定白釉，中心为“大清乾隆年制”篆刻方款，刻款上有多道开片纹，刻款端庄规整，字体独特，为典型乾隆早期款识。

此类洗口瓶有仿定白釉和青花两类品种，二者均采用浆胎工艺烧造。其中青花者有乾、嘉、道三朝制品，而仿定白釉则为乾隆朝所独有。据其特殊篆书款判断，这种仿定白釉洗口瓶为乾隆早期唐窑之作，时代早于青花制品。

有清一代的御制青花浆胎洗口瓶仅有这种样式，其制器理念应取法同样造型的这种仿定白釉制品，二者之间有明显的传承关系。所以仿定白釉洗口瓶可称清代御窑洗口瓶的开山之作，地位重要。

乾隆朝摹古之风兴盛，清宫内外皆崇仰古物，好之而后摹，摹制手段各异，其中御窑仿摹烧造历代名窑佳作迭出，此瓶即为其中之一例。这种造型等级高贵，瓶身配有饕餮纹、蕉叶纹、莲瓣纹、回纹，高古与创新融为一体，是为乾隆御窑仿定窑之无上隽品。

这只乾隆仿定白釉饕餮纹洗口瓶，整器制作精细，格调精雅，不出奇斗艳，却风流自致，古韵天成。它如一亭亭玉立的缟衣美女，袅袅盈盈，有不施粉黛、洗去铅华的自然之美。欣赏此瓶之际，脑海中忽然飘荡起《牡丹亭》一曲“则为你如花美眷，似水流年……”

美，是一种感觉，一种认知。瞬间吸引眼球的美往往是短暂的，真正的美是安静的，不张扬的，却世代流存。万法自然，所有的美都取法自然，最后也归于自然。

2017 年 1 月 8 日，时任中国嘉德四季陶瓷工艺品部总经理刘旸来到广州为 3 月的“四季拍卖”征集拍品，我中午请他一起吃个便饭。席间，我跟刘总谈起自己的收藏系列，说到近期也准备收藏一些白釉官窑瓷器。刘总建议道：“如果收藏白釉，那么永乐甜白是一定要有的。”

时任中国嘉德四季陶瓷工艺品部总经理刘旸（右）与冯玮瑜合影

“已经有了。”

“哦，那宣德白釉也应该配置。”

“也配置了。”我微微一笑。

“啊？那浆胎白釉还得收一个。”

“已经收了。”我淡淡笑着说。

“啊！”刘总吃惊得蓦地站了起来，我马上也站起来走到刘总身边，把手机里的乾隆仿定白釉瓶的几幅图片给刘总看：“就在上个月的‘西泠拍卖’拿到的，佳士得的来源。”

“对对对，就是说这种器型的。多少钱拿下的？”

“成交80多万了。”

“好便宜啊！全品相吗？”

“全品相的。”我答。

刘总沉吟了一下，又问：“是深夜拍的？”

“确是半夜过后才轮到这件上拍。”

刘旸拍一下桌子：“我就说嘛，白天拍或晚上拍就不是这个价，半夜里人都走了。”

菜热酒酣，逸兴遄飞，酒阑旧相知。

2018年1月，国内某著名拍卖公司举行的2017年秋拍“中国古董珍玩”专场第566号又出现了一只清乾隆仿定白釉饕餮纹洗口瓶，还说来源是2013年5月29日香港佳士得春拍第2277号，奇也怪哉！香港佳士得那件明明在我手上，怎会上拍呢？难道被人偷了？我检查自己的库藏，那只乾隆仿定白釉饕餮纹洗口瓶仍安然在自己的库藏里。

乍看上去，两只瓶子倒也相似——李逵和李鬼嘛。

真相只有一个，真品只有一件，这二者之中必有一件是假冒的。

我立即请香港佳士得把那只2013年春拍上拍的乾隆仿定白釉饕餮纹洗口瓶的照片细图发给我，并又拿出2013年香港佳士得春拍图录核对。

我再请国内那家著名拍卖公司拍照片发过来，那只瓶子居然也贴有香港佳士得的标签。为李鬼者，必乔装打扮得与李逵近似，好在佳士得的照片和图录上都有该瓶的清晰照片，特别是瓶子底部的“大清乾隆年制”篆刻方款，刻款上有底釉，釉面开有几道开片纹。这几道开片纹是烧制时由于底釉受热后在降温过程中自然形成的，人工做不出来，开片纹没有一模一样的，像没有一样的指纹，冒充不了。

我收藏这只瓶子与佳士得照片和图录里的篆刻方款上的片纹完全一致，而那家拍卖公司上拍那只瓶子刻款虽然相似，而片纹却完全不同，可知其是假冒无疑。

玮瑜说瓷

片纹：瓷器表面的釉面因开片而出现不规则的裂纹，每一道裂纹都是随机、自然形成的。

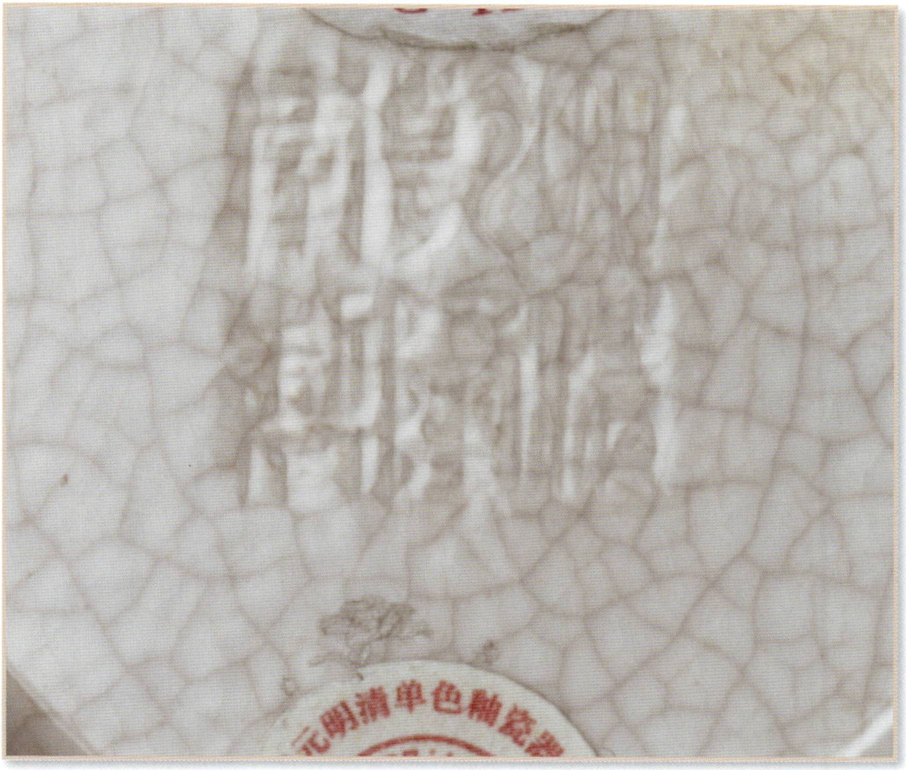

佳士得拍品底款

魔鬼就在细节里，通过痕迹学比较就一清二楚了，这就是证据！当然这只是其中破绽之一而已。仔细比较，不难找出更多的不同点，在这就不一一细说了。

另外，香港佳士得这只瓶子是品相完美，而冒充那只瓶子颈部是有修补的，根本不是同一件。

可恨的是，李鬼身上还粘贴了一张佳士得的标签，拉大旗作虎皮，最能迷惑人了，那必是有人故意所为。从法律上来说，主观故意地虚构事实，隐瞒真相，以达到骗取他人金钱的行为，就是有目的地进行诈骗。如果严加追究，那必是要负刑事责任的诈骗案了。

我把情况向该拍卖公司老板反映，请他们核查，半小时后拍卖公司老板亲自复电："已查清了，您藏有那件确是佳士得上拍那件，我们上拍那件是送拍人冒充佳士得记录的，而且颈部有修理，两件是不一样的。因为两件货都曾在同一人手上，他把佳士得那件的标签抠了一个下来粘贴在冒充来源那件上，真正佳士得来源那件送到西泠拍卖，让您拍到了。假冒佳士得记录那件就送到我这里上拍。我已经狠狠骂他一顿了。您看这样好不好，我们在拍卖时说明此事，并把假冒那件的佳士得标签撕下来，交还给您，好吗？"

揪出李鬼就好了，怎么处理是拍卖公司的事，人家做生意的，我不妨碍人家。这件冒牌货拍卖时有没有作澄清说明？后来有没有拍出去？拍了多少价？我没有再过问，也没去拿回标签。

大浪奔腾，沉渣泛起，这世界总有人钱迷心窍。有句俗话说："不是不报，时候未到。"电影《无间道 2》也里有一句名言："出来混总是要还的。"总会有报应的。

近几年我就亲眼见到身边发生的几宗艺术品诈骗案，其中一宗是轰动一时的广东某电视台著名主持人2亿多元古董诈骗案，据报纸所登载消息说：案情里有一情节就是用苏富比、佳士得的旧标签粘贴到另一器物上，被法院判定诈骗犯罪而入狱，因为改贴标签是主观故意的行为，证明是有目的地进行诈骗，故罪名成立；那主持人在广东曾经非常有名气，而受害者也是专做进口汽车生意的，在广州也小有名气。他们两人同住一个小区，结果邻居骗邻居。有时真不明白，这种换贴标签的事，总会有穿帮的一天，邻居又跑不掉，躲不开，怎么会这样做呢？结果骗了几年就被发现，锒铛入狱。

另一宗是一位曾风云一时的广东书画大行家林某在2015年因做假画卖假画而东窗事发，据说是广东省某机关把一幅关山月的巨幅大作拿给他去重裱，没想到他私下复制一幅，然后把复制品卖给上海一位非常著名的收藏家，后被该收藏家发现。这时，本来他退赔钱给人家就没事了，没想到林某竟然没有钱拿出来退赔，据说是钱被拿去还赌债了。事情闹大了，后来警方介入侦查，才发现林某的劣迹不光这一宗，他身上还有多宗做假画的事，所涉金额巨大。也不知他是真没钱还是假没钱，反正要退钱就没有，要老命有一条，结果被判入狱20年。以他一大把年纪，20年的牢狱，不知是否有活着出来那一天？早知今日，何必当初！

正如本文开篇转世的圆泽和尚所谒：“身前身后事茫茫。”钱财乃身外之物，何苦要作奸犯科，殷鉴不远矣。

根据《最高人民法院、最高人民检察院关于办理诈骗刑事案件具体应用法律若干问题的解释》第一条规定：诈骗公私财物价值三千元至一万元以上、三万元至十万元以上、五十万元以上的，应当分别认定为刑法第二百六十六条规定的“数额较大”“数额巨大”“数额特别巨大”。

《中华人民共和国刑法》第二百六十六条也规定：诈骗公私财物，数额较大的，处三年以下有期徒刑、拘役或者管制，并处或者单处罚金；数额巨大或者有其他严重情节的，处三年以上十年以下有期徒刑，并处罚金；数额特别巨大或者有其他特别严重情节的，处十年以上有期徒刑或者无期徒刑，并处罚金或者没收财产。

像这种故意贴标签假冒的犯罪行为，一抓一个准，而且“数额特别巨大”。我没有去相关政府部门举报，算是手下留情了。

这只乾隆仿定白釉饕餮纹洗口瓶入藏自得堂，并非库门一入深如海。2018 年 7 月 28 日，广东省博物馆举办“五色祥云——自得堂藏宋元明清单色釉瓷器特展”，这只乾隆仿定白釉饕餮纹洗口瓶也被专家们选上，作为展品之一参加了展览，芳华绽放。

广东省博物馆是国家一级博物馆，也是华南地区最高等级的博物馆，能够被这样级别的博物馆选上，确实不容易。据广东省博物馆的统计，这场为期一个月的展览，共有二十多万观众入场参观。展览期间，不止中国观众，连美国都有藏友专门来广州观看展览。2018 年 8 月 26 日，香港著名收藏家、望星楼主人张显星先生来到广东省博物馆观看我的“五色祥云——自得堂藏宋元明清单色釉瓷器特展”，对这只陈展在独立展柜的仿定白釉瓶端详良久，赞不绝口。我谈起了陈连勇先生竞得的那一只，星哥马上就说：“陈连勇那只是 400 多万成交的，你的这只收得真好！这种乾隆仿定白釉饕餮纹瓶不多见的。你真有眼光！”

他真厉害！对几年前拍场的一件器物是谁竞得、什么价格成交都如数

香港著名收藏家、望星楼主人张显星先生（左）与冯玮瑜合影

家珍。除观察力和记忆力超群外，星哥的藏品更是了不起。早在 2004 年出版的《清代康雍乾官窑瓷器〈望星楼藏瓷〉》里面的名瓷琳琅满目，那仅是星哥藏品的一部分，前些年他在香港保利又举办了一次藏品展览，再次展出了他的另一部分收藏，让观众再次见识到望星楼不凡的收藏。

这只乾隆仿定白釉饕餮纹瓶得到大藏家的称赞，我当然开心不已。

——“长沟流月去无声，杏花疏影里，吹笛到天明。”（陈与义《临江仙·夜登小阁忆洛中旧游》）。

——“疏影横斜水清浅，暗香浮动月黄昏。”（林逋《山园小梅·其一》）。

这是我非常喜爱两句宋词。同是月色之下，花影之中，意境大不一样，前一首的杏花应是红杏才好，后一首的梅花必是白梅才对，如果是红梅，就同与诗句的意境相差甚远了。这只白瓶，正像白梅一样，幽深静远，韵味悠长，它静静地伫立在那，自有一股清新幽香之韵味。

冬雪寒梅，本是人间寻常不过的景致，而浸润了无人能比的精湛工艺后，就成了可遇而不可求的珍宝。在杭州西湖边上，晚来天欲雪，能饮一杯无？孤山不孤，西泠不冷，赏瓷而乐心，如何不风雅？

白釉是单色釉中的单色釉，纯得格外的孤寂。仿定白釉如白雪、似白梅，白雪寒梅，上下一白，不张扬，自风流。

一千年前，终生不仕、终身不娶的林和靖在杭州孤山植梅养鹤，梅妻鹤子，孤高自洁。

一千年后，无意争春的我在杭州孤山西泠一脉寻回仿定白釉瓶，暗香浮动。

四百年前，明人张岱西湖赏雪，著有《湖心亭看雪》，文传千古。

四百年后，我西湖赏瓷，记有《三生石畔勘因缘》，自得其乐。

三年之前，“等闲不识春风面”。（石耆翁《鹧鸪天·借问枝头昨夜春》）。

三年之后，“重见云英掌上身”。（罗隐《偶题》）。

散聚两依依，“三生石上旧精魂”。（孙蕡《朝云集句诗七言律诗》）。

“从别后，忆相逢，几回梦魂与君同。今宵剩把银釭照，犹恐相逢是梦中。”（晏几道《鹧鸪天·彩袖殷勤捧玉钟》）

唐代裴休《圭峰定慧禅师碑》偈语：“但心心相印；印印相契。”

归去来兮，快慰欣然。

广东省博物馆“五色祥云”展览的清乾隆仿定白釉饕餮纹洗口瓶

玮瑜谈收藏与理财

市场没有机会时就耐心等待，耐心是投资者最重要的素质

平常时间，最好静坐，愈少买卖愈好，

永远耐心地等候投资机会的来临，耐心是投资制胜之本。

“华尔街神话”　吉姆·罗杰斯

我初遇仿定白釉饕餮纹洗口瓶时，对不熟悉的瓷器类别，宁可错过，也不参与竞拍。半年后再次遇到同类瓷器，因为已经研究了解过，决定出手，但无奈强中自有强中手，败下阵来。三年后，我蓦然与仿定白釉饕餮纹洗口瓶再次重逢，最终携手。学会耐心等待入藏机会，在某种情形下，慢就是快。

投资的过程不会一帆风顺，学会耐心等待，即使和当下市场投资热点相反也没关系。巴菲特有一套最佳击球区理论，据说是棒球运动员泰德给他带来的启发，他提出：在投资过程中，大部分时间需要耐心等待，只有当那些优质的、拥有护城河的公司出现便宜价格时，开始大量买入，才能提高投资成功率。

我们总会有一种思维倾向，当看到某种资产上涨状态持续的时间越久，就认为这种趋势一定会继续下去；某种资产下跌状态持续的时间越久，我们往往就认为它未来还会下跌。这种跟风思维大多数时候都是错误的，这也是一种成功投资原则“逆向投资”的基础。在别人恐惧地卖出时买入，在别人贪婪地买

入时卖出，逆向思维更容易获得回报。

很多人都会选择当时市场上最热门的股票或基金，认为可以获取高回报。但这种情况极容易出现热门时候买进，不再热门的时候卖出，不仅没有收益反而亏损。这是人人皆知的浅显道理，但我们大多数人明明知道却做不到，主要因为某种资产上涨或下跌的过程比我们预期的时间还要长，还没有到最佳击球区，我们就急急忙忙出手了。我们应时刻提醒自己："保持耐心，好事终会来。"

比如，我们两年内投资股市赚了50%收益，然后在第三年却亏了50%，那么三年内反而亏损25%，这样的投资回报率显然是令人失望的。所以聪明的做法是赚了钱就应该获利了结，然后耐心等待下一次投资机会，而不是频繁交易。

吉姆·罗杰斯推崇备至的投资法则之一是静若处子，即袖手不管，除非真有重大事情发生。我们千万不要抱着侥幸心理"试试手气"，因为市场不是我们的朋友，它常常引诱我们高买低卖，这会大大增加我们的亏损可能。如果在股市已经赔钱，更应该平心静气，等待市场趋势发生变化再采取行动。

决定投资前要慎重，耐心等到市场价格合理甚至偏低时再出手，这样才能获取超额收益。

08

第8章 终入寻常百姓家

一只清宣统“坤宁宫祭器”黄釉大碗入藏记

世事如苍狗，

风云已万变，

辉映了耀眼时代的器物，

依旧熠熠生辉。

藏品名称	清宣统黄釉大碗	款识	“大清宣统年制”青花六字两行楷书款，青花楷书“坤宁宫祭器”
年代	清宣统	来源	广东崇正 2018 春季拍卖会“汲古·珍瓷雅器、玉堂清玩”第 1864 号
尺寸	直径 37.5 厘米		

冯玮瑜藏瓷精选

此碗口径近 38 厘米，碗形硕大，碗口微撇，器形周正，里外均施黄釉，釉色匀净。碗底青花楷书“大清宣统年制”，是宣统年间的皇家用瓷。碗内底又青花书“坤宁宫祭器”五字，表明其用途为“祭器”。宣统御瓷存世本就不多见，此种有明确的纪年款识和用途的，极为少见。曾经历过热烈的盛放，曾寂寂于无声的世间，今入寻常百姓家，乃见悠远与恒常。

2018年5月25日，“2018石湾杯青年陶塑大赛新闻发布会”在景德镇陶溪川梦瑶广场正式启动。

作为这届陶塑大赛的组织者和负责人，我组织了一批领导、陶艺家以及一些媒体来到景德镇陶溪川陶瓷文化创意园举办启动仪式。

为什么“石湾杯”不在广东佛山的石湾举办启动仪式，而要到江西景德镇举办呢?

毕竟我已经连续两届负责筹办“石湾杯”，对于第三次筹办，无论从形式到内容都要有所创新。佛山和景德镇，同属中国古代四大名镇，而两地都有著名的古窑遗址，所以我想把两个不同地域的古镇、古窑连接起来，打破地域藩篱，拓展青年陶艺家的视野，引导新一代陶艺家们密切交流。我的构想得到了陶溪川国际陶瓷文化产业园的热烈响应。负责陶溪川陶瓷文化创意园开发和营运的景德镇陶邑文化发展有限公司副总经理刚好女士，亲自跟进相关工作。

冯玮瑜在“2018 石湾杯青年陶塑大赛新闻发布会”发表讲话

景德镇陶邑文化发展有限公司的刚好副总经理在“石湾杯”启动仪式上发表讲话

这也是佛山市石湾镇政府、石湾博物馆和“石湾杯”组委会首次跨省合作，涉及政府、企业、文博单位、组委会等各个方面，政府往来函件、舞台搭建、电视台拍摄、接待安排……做起来千头万绪。好在刚总和我都是爽快人，遇事两人商量，同心协力，事情逐一办妥，启动仪式顺利展开。

就这样，石湾镇与景德镇，这两个千年的古镇，在梦瑶广场相聚。

在水面搭建的讲台，让人耳目一新，观众围得水泄不通。举办“石湾杯”大赛为国内外青年陶塑领域的创新设计建立展示平台，提供了学习交流的好机会。

景德镇陶溪川夜景一角

景德镇陶溪川是在旧陶瓷厂的工业厂房区改建成集文化创意、博物馆、美术馆、艺术中心、画廊、艺术家工作室、休闲、购物、酒店、娱乐、餐饮等多种综合功能于一体的大型文化创意园区。

“石湾杯”在陶溪川的一系列启动活动，让陶艺工作者直面景德镇当代陶瓷产业的现实背景，感受产业活力，为陶瓷艺术提供更多介入产业的可能性。“石湾杯”在景德镇的启动活动，也吸引了当地有志于陶瓷艺术的高校学生踊跃参加，激发了当地新生代年轻艺术家的创作激情。“石湾杯”为青年艺术家提供展示艺术才华的舞台，展现新生代陶艺创作的精神风貌。

陶溪川文化创意园是国内少有的活化工业遗产成功案例，它在保护利用陶瓷工业遗产的基础上，对原陶瓷厂的厂房、仓库进行内部改造，打造出陶溪川美术馆、景德镇陶瓷工业遗产博物馆、艺术中心、国际工作室群、青创平台、艺术画廊、创意集市等多元文化聚落，成为众多艺术活动的发祥地，也是景德镇最有名气的网红景点。

在景德镇期间，刚总陪同我们一行去参观陶瓷工业遗产博物馆，一进博物馆，就看见有一件展品，是清光绪二十九年（1903 年）奏请慈禧太后成立江西瓷器公司的奏折复制件。

这本奏折印证了御窑厂最后的一段历史。光绪末年，清王朝大厦将倾，风雨飘摇。甲午战争后，“洋务运动”“振兴实业”“设厂自救”的大潮也涌到了偏远的江西景德镇，先是官办，后是官商合办成立的“江西瓷业公司”，引进了日本较为先进的东洋技术，开始现代化的工艺流程……在这样的时代背景下，御窑厂开始散架。当宣统帝的退位诏书颁布天下，御窑厂轰然倒塌，朝廷没有了，御瓷没需求了，皇帝已退位，自顾不暇，更没有余力来维持御窑厂的生产。彼时工匠四散，大部分都去了江西瓷业公司。

根据在江西瓷业公司遗址出土的，带有“戊申江西瓷业公司试造”的铭文标本证明，最迟至光绪戊申年（1908 年），江西瓷业公司就已成立并投产。彼时的江西瓷业公司带有旧时御窑性质，其生产、销售、运营均录于清档，成为名副其实的“官窑”。江西瓷业公司成立后，设窑于御窑厂内。

清宣统二年（1910年），以祁门贡生康达接管公司为标志，江西瓷业公司由“官办”转向真正意义上的“官商合办”，并引进先进机械设备及管理方式。

由于御窑厂窑工、画师及文人的加入，江西瓷业公司具备了优良的瓷质、先进的制瓷技术、高超的绘瓷技艺，代表了当时瓷器制造的最高水平。这时由于御窑厂已经散架了，御瓷的生产只能由江西瓷业公司来承接。此时的江西瓷业公司可能既生产宣统年间的御瓷，又生产民用陈设瓷、高级日用瓷等。（有关江西瓷业的详情可看“冯玮瑜亲历收藏系列”之《藏富密码》第十章苍烟落照。）

虽然宣统年间清王朝已行将就木，可由于采用了新技术、新工艺，又有原御窑厂的工匠作技工，所以宣统御瓷虽是最后的回光返照，但质量并不太差，基本与光绪晚年御瓷处于同一水平。

宣统皇帝三岁登基，逊位时只有六岁，御瓷的生产要求、标准和数量由当时清朝实际上的最高统治者——皇太后，来定夺。

1913年3月19日，一条写着“女中尧舜”的白色横幅悬挂在北京紫禁城太和殿里，庄严肃穆。太和殿里昔日金碧辉煌、富丽夺目的陈设被层层的素白纸花覆盖，殿堂被设置为灵堂。灵堂上，一幅巨大的遗像被白纸花包围着摆放在正中间，两侧挽联、祭文密布，“女中尧舜”的白底黑字横幅悬挂在灵堂上方，身着清室丧服和现代军服的仪仗队密不透风地竖立在左右，这里正在举办一场空前盛大的国葬仪式。

在象征皇权的太和殿搭建灵棚，这是清代太后葬礼的最高规格。

中华民国北洋政府为她举行了隆重的国葬，并为她设立了铜像。全国下半旗志哀三日，文武官员穿孝二十七天。参议院除下半旗外还于2月26日休会一天。2月28日祭祀之期，袁世凯臂戴黑纱举哀致祭。驻京各国公使对她的薨逝深表惋惜，驻京各国使馆均下半旗志哀。如此隆重的国葬仪式，极尽哀荣，这位皇太后是谁？她不是慈禧，她是中国历史上最后一位皇太后——隆裕，也就是宣统皇帝的皇太后，史称隆裕皇太后。

北洋政府乃至整个国际社会为何会对一位前朝太后如此重视？隆裕皇太后何德何能享此殊荣？这可是她的姑母慈禧太后都未曾享受过的殊荣！

为什么称她为“女中尧舜”？

只因为她做了一件事，让中华民族避免了一场血光之灾。

1911年12月28日，隆裕太后颁发懿旨：“今日君主立宪、共和立宪二者以何为宜，自应召集临时国会，付之公决。”这是清廷作出的重大退让，皇权帝制开始走向倒计时。

一个多月后，宣统三年，也就是1912年2月12日的紫禁城里，当拟好的《清帝退位诏书》被呈给隆裕太后，隆裕看完以后，泪流满面，交给了军机大臣世续和军谘大臣徐世昌盖御宝，这个御印一盖下去，一纸诏书颁发，清帝逊位遂成定局。

从此，统治中国276年的大清王朝，正式在隆裕手中宣告灭亡。刚才还强忍啜泣的群臣们终于忍不住了，由嘤嘤嗡呜变成了号啕大哭。

逊位诏书称“特率皇帝，将统治权归诸全国，定为共和立宪国体”。

这一纸逊位诏书，使中国以相对较小的代价从帝制过渡到共和政体，避免了政权变更的腥风血雨，帝制与共和制实现了平稳交接，维护了民族团结和领土完整，这是中华民族的大幸。

那一年便成了中华民国元年。

自此，从公元前221年嬴政称始皇帝到1912年溥仪退位，统治中国两千多年的帝制宣告终结，封建帝制永远退出了中国历史的舞台。

隆裕做了中国历史的功臣，也成了大清帝制终结的责任人，爱新觉罗家族的罪人。不管她迫于压力还是心甘情愿，抑或兼而有之，她都是国家走向共和不可或缺的一部分。她将清政府控制下的领土和臣民，完整地交到中华民国手中，此乃不世之功。所以，她被赞颂为“共和之美，德至功高，女中尧舜”，也被称为“中国历史上贡献最大的皇太后”。

诏书明文说明：“仍合满、汉、蒙、回、藏五族完全领土，为一大中华民国。”隆裕皇太后这一纸逊位诏书，赋予了中华民国正朔法统地位，让国家在相对平稳的状态下完成了政权更替，不给虎视眈眈的外国列强干预入侵的借口，不给某些分裂势力任何借口，保障了中国的完整和统一，使得中华疆域完好无损。她也因此被孙中山、黄兴等人尊为“女中尧舜”。

观世界范围内，政权更迭无不与血腥相伴，无论是英国的光荣革命还是法国大革命，都使得许多人无家可归，人头落地。而清政府如此决绝地自我了断，乃是中国历史一次巨大进步。

孙中山先生后来这样评价隆裕皇太后：“孝定景皇后让出政权，以免生民糜烂，实为女中尧舜。”

《大公报》也给予她极高的评价：“既非依附于帝王，亦未尝有垂帘之政绩，而独以让德高怀，召亿兆人之讴恩，曾不以国体之变迁，而稍驰其爱敬者，伊古以来，实惟前清隆裕太后。”

甚至当时许多媒体盛誉她为“最先醒来的人”。

其实，隆裕是迫不得已。自武昌起义之后，很快黄河以南的各省都出现脱离清政府的倾向，各省纷纷成立都督府实行独立自治。眼看大清朝岌岌可危，权贵们多次召开紧急会议，有一次，宗室亲王、蒙古王公都参会了，所有人到场后，竟围坐在一起，说闲话，扯闲篇儿，根本不提及威胁大清统治的国家大事。这些亲贵闲聊良久，说半天全是废话，最后，庆亲王实在坐不住了，说道："国事？事体重大，我辈不敢决啊。愿请旨再办理。"说完，他起身就走。其他王公贵族们愣了几秒钟，也一哄而散。这会等于白费时间，都不负责，也没有应对方法，把难题丢回给隆裕。

隆裕皇太后曾召集 14 个皇族商讨国事，只有恭亲王、肃亲王、那彦图、溥伟四个人发表意见。他们一方面批评朝廷自身的问题，一方面又主张派兵与革命党人决一死战，并请求皇太后把后宫的积蓄拿出来犒劳仍在掌握中的军队将士。这些话更多是表忠心的废话，根本没有实质的应对良策。可除了这四个人之外，其他十位皇族都不吭声，一副无所谓的态度。

隆裕苦着脸说道："胜了固然好；要是败了，连优待条件都没有了，岂不是真要亡国吗？"没有人回答她，也没人帮她拿主意。

签完退位诏书后，这位"最先醒来的人"心中难以释怀。隆裕是被逼着完成这逊位大业的，大清王朝在自己手中断绝，她的内心当然非常地痛苦和自责。虽然依旧住在原来的紫禁城宫殿，但看着这本来属于大清的基业却在自己手里断送，内心每每愧对列祖列宗，因此每天都郁郁寡欢，很快就一病不起。一年之后，1913 年 2 月 22 日，46 岁的隆裕皇太后病逝于颐和园长春宫。临终前，她对身边的内务府大臣世续说："孤儿寡母，千古伤心，睹宫宇之荒凉，不知魂归何所。"又对七岁的溥仪交代："汝生帝王家，一事未喻，而国亡，而母死，茫然不知，吾别汝之期至矣，沟续道涂，听汝自为而已。”

——如此凄惨之语，闻者泪落！

隆裕临终前还能够说出这样条理清晰的话，她绝非我们过往印象中唯唯诺诺、毫无心肝的傀儡。她虽然秉性柔和，容貌欠佳，一生被时势所迫，由人摆布，到底还是博览群书，甚至对西方的历史与政治也颇有见解。她智慧的光芒在丈夫驾崩后开始闪耀，她是有思想、有见识、知进退的。在人生最后的岁月里，她力排众议，结束了腐朽的清朝统治，也成了昔日王宗贵族们眼里的罪人。

翻开这些沉甸甸的历史，不禁让人掩卷沉思。如果她坚持不退位，中国走向共和的道路一定会流更多的鲜血；或者她携宣统皇帝退守关外，中国的领土版图又会怎样？从历史上看，每个朝代的末代皇帝基本上都没有好下场。而宣统逊帝和各位清室的王公贵胄历经民国，直到新中国成立后仍能得到善终，不得不说跟隆裕的退位决定有关。能够辨清事态的发展，不做非分之想，方得善终。隆裕最光彩的瞬间，就是大清王朝落幕的那一刻。

那一刻，也是御窑厂轰然倒塌的一刻。连大清朝都没有了，自然就不会再有御瓷的生产了。

因此，宣统御瓷很少，宣统黄釉御瓷更少，而宣统黄釉御瓷里有“坤宁宫祭器”款识的御瓷更是少之又少。这些年在拍卖会上，到目前为止，我仅在2018年的广东崇正春季拍卖会上见过一件。那年预展刚开始，崇正拍卖器物部的总经理殷鹏给我发来几张有“坤宁宫祭器”字样的宣统黄釉大碗图片，说是他们这次征集到的拍品，力邀我到东方宾馆的预展现场看实物。

我约上古陶瓷鉴定名家曾波强老师一起去看预展，请他帮我掌掌眼，毕竟我以往未上手过“坤宁宫祭器”这类实物，多个专家给意见总会有所得益。

曾老师原来担任过广州文物总店的总经理，经手过众多文物，对瓷器鉴定极有心得，颇负盛名，是有名的瓷器鉴定专家。曾老师正当盛年之时，主动辞去广州文物总店总经理的职务，专注于瓷器的收藏研究，现在还是广东省文物鉴定委员会委员、文物总店培训班的资深老师。他为人谦和，为喜欢瓷器的新晋藏家答疑解惑，做了很多普及古陶瓷知识的工作，也是许多藏家的引路人。

曾老师一直紧贴市场，在国内外的拍卖会，我经常碰见曾老师，在香港古董展上还见到曾老师和广东省博物馆的领导一起研究广彩瓷器，为广东省博物馆拟入藏的广彩瓷器提供鉴定意见，谁叫他还是广东省博物馆的外聘专家呢。

曾老师和我非常熟悉，是我非常尊敬的老师之一。在广东艺术品收藏界的各种活动中，我们时常见面。我也曾到曾老师家里拜访，上手他收藏的宝贝。记得最初的时候，曾老师时不时拿出几件藏品让我上手，但不得先看款识，要我先断代，说理据，才能够翻看底款，看我断代对不对。然后他再点评，对我详说每一件器物的时代特征和鉴定方法，寓教于乐，让我获益良多。我就是在多个老师的指导下逐渐成长起来的。

玮瑜说瓷

断代：对瓷器烧造年代的准确判断。每一个朝代的瓷器都有其特点，同当时的社会政治、帝王喜好、时尚风气、审美情趣、生产工艺、科技水平、泥土釉料等有莫大关系，只要掌握知识，认真甄别，就能判断出瓷器烧造的年代。

有时我还跑到他别墅的顶楼看他种的蔬果收成如何，曾老师就乐呵呵地介绍自己的稼穑之乐。告别时曾老师还热情地让我捎带上他家乡的的梅州特产，我总是乘兴而来，满载而归。记得有个冬日，我们在他家里聊得兴致勃勃。不知不觉落日西沉，暮色四合，而我们谈兴正浓，就一起从他家来到小区外，冒着寒风，缩着脖子，去附近珠江边的食肆，叫上几个小菜，喝上几杯从他家里拎出来的家酿客家娘酒，随意斟酌，古今中外，都付笑谈中。

"绿蚁新醅酒，红泥小火炉"（白居易《问刘十九》），冬天的夜酒，喝得人心里热乎乎的。别看曾老师在公开场合言语不多，不臧否人物，那是历经世事后的谨言慎微；而私下里，曾老师谈锋甚健，说的大多是过去的收藏掌故。特别是几杯小酒下肚，酒醺人微醉，更是遥襟俯畅，逸兴遄飞。

在曾老师家除了学到鉴定知识，还可听他侃侃而谈收藏故事。曾老师在文物总店工作多年，所见所历，非常人可比。听他分享过往的收藏逸事，掌故趣闻，令我这个后辈耳目大开，增广见闻。曾老师绘声绘色，听得我一会儿为一件名瓷低价释出而恨不早生二十年，一会儿又为另一件名瓷未合时人眼而惋惜不已……

我和曾老师一起到达东方宾馆的崇正拍卖瓷器预展现场时，器物部殷鹏总经理陪着我们看预展，并马上为我们留了 VIP 房，让我们待会儿可不受打扰仔细看拍品。我们转了一圈，仔细看了一遍拍品，把感兴趣的跟殷总说了，殷总马上安排工作人员一件一件拿到房里来。当这只宣统黄釉大碗送进来时，我请曾老师先上手。

曾老师上手仔仔细细鉴定一番，点头说道："大开门！"然后对我说："这只大碗不错，宣统的东西本来就不多，特别是有'坤宁宫祭器'款识的更是少见，你不是做御窑黄釉的系列收藏吗？你应该收了这只大碗。”

“你们文物店的老库里有同样的吗？”

曾老师想了一下说：“没有。”曾老师接着说，“‘坤宁宫祭器’的御瓷并不多见，这只大碗釉水好，够大，不歪不瓢，挺不错的。”

曾波强先生（中）、崇正拍卖器物部总经理殷鹏先生（右）和冯玮瑜在鉴赏宣统黄釉“坤宁宫祭器”款识大碗

我昨晚做过功课，查过资料，故宫收藏有“坤宁宫祭器”写在颈部的黄釉盖罐，底款也有“大清宣统年制”款识，与这只大碗写款同类。我问旁边的殷总：“这只碗有来源的吗？”

殷总说：“来自北京的老户，没有什么大藏家的来源。”

曾老师说：“这只大碗是大开门的东西，有来源更好，没来源也没关系。”

我的收藏偏好，曾老师当然清楚，他认为这只宣统黄釉大碗开门、难得，符合我的黄釉收藏系列，建议我可以考虑入藏。

宣统黄釉大碗内底的“坤宁宫祭器”款识

我的藏品里目前还没有此类“坤宁宫祭器”的黄釉瓷器，这的确是我的缺项。此类“坤宁

广东省文物鉴定委员会委员曾波强（左一）、广州市古玩行业协会党支部书记邝玉明（右一）与冯玮瑜合影

宫祭器”黄釉御瓷我是第一次上手。钱伟鹏老师曾发过几张“坤宁宫祭器”盖罐照片给我，对这种“坤宁宫祭器”我还是有印象的，不过一直没有上手过实物。

这只碗口径近 38 厘米，碗形硕大，碗口微撇，器形周正，没有大碗常见的歪瓢现象，里外均施黄釉，釉色匀净，碗内底心青花楷书“坤宁宫祭器”五字，碗底青花楷书“大清宣统年制”，这样在碗内底心青花书写用途的，极为少见。此碗从胎质、釉彩而论，甚至比光绪御窑还要精细，符合宣统年间引进新工艺后制瓷技术进步的时代特征。

我做收藏是分系列的，黄釉是其中一个系列，从明初的洪武到清末的宣统，各代帝王的御用黄釉瓷器，我都希望收集到，末代的宣统御用黄釉瓷器

玮瑜说瓷

歪瓢：指瓷器的口部不够圆，器口歪斜变形的瑕疵，是瓷器造型上的一种缺陷。古时烧制瓷器全靠手工操作，泥坯配方不合理、拉坯时厚薄不均、装窑不当、升温过快、窑温过高等，都会导致烧成的瓷器有变形缺陷。

我已有收藏，但书写有“坤宁宫祭器”的品种倒是没有。我就从善如流，在这场拍卖会，把这只宣统黄釉大碗拿下了。

“咸丰宣统赛乾隆”，这是古瓷收藏界的老话，无非是物以稀为贵。咸丰五年（1855年）后，因太平天国起义席卷江西，御窑停烧，所以咸丰年间的御瓷较少；而宣统只得三年，御瓷更少，所以这两朝的御瓷在市场上都被看高一线。

坤宁宫在哪里？

坤宁宫为中国古代宫殿建筑之精华，属于北京故宫内廷后三宫之一，位于交泰殿后。其名字出自《道德经》原文“昔之得一者，天得一以清；地得一以宁；神得一以灵；谷得一以盈；万物得一以生；侯王得一而以为正”。

皇后的地位跟皇帝相对应，是天下女性中最为尊贵的。皇帝是天，皇后就是地，皇帝是乾，皇后就是坤。

“天得一以清”，皇帝寝宫名叫乾清宫，同样地，皇后的寝宫也取自道德经中的“地得一以宁”这一句，故名坤宁宫。乾清宫代表阳，坤宁宫代表阴。乾清宫坤宁宫毗邻相对，中间夹有一个交泰殿，以表示阴阳结合，天地合璧之意。坤宁宫在明代为皇后居住的正宫，在清代改为皇帝大婚洞房和宫中祭神的场所。

这只黄釉大碗，外底部青花楷书“大清宣统年制”，表明是宣统年间的皇家用瓷。而大碗内底青花书“坤宁宫祭器”，表明用途是“祭器”，即祭祀时盛放祭品用的。有明确的纪年款识和注明使用用途的，存世的并不多见，更显得珍贵。

宣统帝三岁登基，六岁退位，这期间宣统年款的御瓷满打满算也应当仅烧造了三年。这时宣统才只是六岁孩童，没结婚也没有皇后，后宫由光绪的皇后、宣统的皇太后隆裕统率，此时代表皇后的坤宁宫用品只能是隆裕所使用的，所以这只“坤宁宫祭器”大碗，应该是宣统年间隆裕皇太后所使用的祭祀用器。

众所周知，有“体和殿制”“大雅斋”“储秀宫”款识的御瓷是慈禧御用瓷器，而此类不大为藏家注意的“坤宁宫祭器”应是隆裕祭祀时使用的御瓷，这也是有据可查的。中国历史上最后一个皇太后的御瓷，无论是历史意义还是文物价值，都是值得收藏。

宣统御瓷存世并不多见，集此于一身者，更为珍罕。在曾老师指导下入藏这只“坤宁宫祭器”，补充了我的收藏缺项，使得我的御窑黄釉体系更加丰富。皇家祭器，太后用瓷，曾经高贵无比的御用黄釉大碗，今入寻常百姓家。

回想自己的收藏之路，一直有很多行内顶级高手为我掌眼，传授我鉴赏瓷器知识，甚至秘不外传的独门心得。能得到很多师长的帮助，我念念不忘，心怀感激。

珠江的潮水涨了又退，退了又涨，白云山头的白云聚了又散，散了又聚，情义长在心间。

珠水楼台夕阳下，花城灯火月上时。

玮瑜谈收藏与理财

面对纷繁复杂的信息，要进行分析辨识

许多人宁愿死，也不愿思考，事实上他们也确实至死都没有思考。

1950年诺贝尔文学奖获得者　伯特兰·罗素

宣统皇帝登基时3岁，逊位的时候6岁，因而宣统时期流传下来的瓷器甚少。接任慈禧太后垂帘听政的是隆裕太后。据史料记载，隆裕太后颁布了宣统皇帝的逊位诏书，孙中山先生称赞她："孝定景皇后（隆裕太后）让出政权，以免生民糜烂，实为女中尧舜，民国当然有优待条件之酬报，永远履行，与民国相终始。"那个时期，国内外媒体都给予隆裕太后极高的评价。回顾隆裕太后颁布逊位诏书这段历史，虽然国内外媒体一致称赞，但当时的皇亲贵族却对她非议甚大，当事人也饱受内心煎熬，郁郁而终。

面对褒贬不一的观点，就需要我们独立思考。

在投资过程中，我们也会受到各种各样信息的困扰，如果我们不能分辨信息真假，就极有可能做出错误的决策。对于某些媒体的观点，一定要学会分析。

2019年6月，高盛大幅下调特斯拉的目标价，并表示出于对需求的担忧，特斯拉的股价将继续下跌。

当时特斯拉股价是每股200美元，高盛将特斯拉目标价下调至158美元，并

暗示还有超20%下调空间。然而截至2021年年底，特斯拉股价上涨超过1 200美元。

2021年2月，某著名证券公司提出茅台品牌的渠道力进一步提升，核心资产壁垒不断加固，市场对茅台的需求依然旺盛，终端持续供不应求，由于稀缺龙头溢价、业绩增长稳健、最长维度的高确定性，因此对白酒板块的投资依然乐观，茅台仍有广阔的成长空间，茅台股票目标价将上调至3 000元，维持买入评级。但截至2021年8月，茅台股价从最高价约2 600元下跌到1 500元附近，可谓正好相反。

买进股票或基金，我们需要判断未来的趋势才能赚钱，而媒体则是解析当下热门话题而获得关注。出发点不同，考虑角度不同，追求的目标也不同，自然结果也是大相径庭。我们应独立思考，按自己的理解行事，而不是别人告诉我们应该怎么做。从众心理在投资领域容易吃亏。

面对日益发达的互联网，很多传统媒体与自媒体都会发布各种各样的投资观点和信息，这些发布者都声称自己了解内幕消息，消息来源绝对可靠。我们要小心分辨这些信息，到底是吹捧炒作，还是就事论事。绝大多数声称可靠的消息都极有可能让我们产生误判，从而作出错误的投资决定。

巴菲特为什么要远离华尔街，偏居奥马哈小镇？为什么巴菲特一天大部分时间都在看上市公司财报，而不是盯盘或看财经新闻？这也是规避错误信息的有效方式：远离股市杂音，保持独立思考。

09

第9章 龙升钟鸣云外听

一只明嘉靖款识白釉饕餮纹交龙钮瓷钟入藏记

龙飞天而降，

定格在一瞬。

不声不响，

蕴藏着伟大的秘密。

藏品名称 明嘉靖款识白釉饕餮纹交龙钮瓷钟

年代 明嘉靖

款识 大明嘉靖年制

尺寸 高度 26 厘米

来源 卡尔·坎普（Carl Kempe）旧藏

巴黎苏富比，2008 年 11 月 18 日，编号 222

中汉拍卖，2017 年 6 月 17 日，编号 130

展览 广东省博物馆“五色祥云——自得堂藏宋元明清单色釉瓷器特展”2018 年 7 月 28 日至 2018 年 8 月 28 日

著录 《卡尔·坎普藏中国瓷器图录》1964 年，第 206 页，图 697

《五色祥云——自得堂藏宋元明清单色釉瓷器》广东省博物馆，2021 年 6 月，第 158 页

冯玮瑜藏瓷精选

此白釉瓷钟高达 26 厘米，虽硕大却无笨重之感，圆顶，斜弧壁，口沿外撇，通体施白釉，釉面肥厚。腹部饕餮纹、回纹和弦纹，下部回纹中间横书“大明嘉靖年制”六字款。钟钮为交龙型，顶部用两条交龙作钟钮用来吊挂瓷钟，构思巧妙，匠心独运，是一件不可多得的御用文房佳器，体现着宫廷重器的气象。人人皆道此钟得之我幸，可谓“时来天地皆同力”，长风破浪正当时。

京城自古就是藏龙卧虎之地，英雄辈出。

近百年来，京城出了梁启超、陈寅恪、王国维、赵元任四大国学导师，也出过张伯驹、张学良、袁克文、孙科民国四公子。据说，现在京城古董界又出现了四大才子。

这京城古董界的四大才子是谁？传到我耳边的名字不一。

因为四大才子不像选美，把候选人拉到台上溜达一圈，比比身材样貌，展示才艺，互相再辩论一番，让嘉宾投票选定；也不像梁山好汉一样打擂台，比试一番拳脚来定名次。所以四大才子有不同的说法。

不过，不管四大才子是谁，我听到的名字不外乎在这几位里：卞亦文、李移舟、刘越、金立言、梁晓新、戴岱（按姓氏笔画，排名不分先后，请各位才子及其粉丝见谅，多多包涵）。

这几位才子当中，除了卞亦文一直无缘相识外，其他的都是我交往多年的师友。

直到 2017 年，佳趣雅集召开第一次理事会，我才得以结识同为理事的卞亦文先生。当时人们介绍说：“卞总是古董界有名的才子，刚出了一本《紫禁城的记忆：图说清宫瓷器档案 · 文房卷》，为古董界收藏查阅资料带来了很大的方便。”

因为自己常常深夜伏案写作，深知著作之不易，“吟安一个字，捻断数茎须”（卢延让《苦吟》）。对于出版著作的作者，我向来十分尊敬。卞总除了编书写作外，还是北京中汉拍卖有限公司的老板，既是成功商人，又具文人本色，能文能武，这就更让人佩服了。

卞总文质彬彬，十分谦逊，相谈之间，不因我年轻学浅而轻慢。谈起我尚未拜读过他的大作，卞总马上说明天寄一本给我。

《紫禁城的记忆：图说清宫瓷器档案 · 文房卷》

果然，我回到广州没几天，书就寄到了，拆开包装一看，我吓了一跳：那么大的一本，还足足5厘米厚。翻开细看，图文并茂，资料翔实，内容丰富，整理编辑这厚厚的一本工具书，真不容易，可见用心之深，不愧才子之名。

颇具文人本色的中汉拍卖董事长卞亦文（左）和冯玮瑜合影

我与中汉拍卖结缘尚浅，当然过去也听过它的名字，藏友也说它不错，我留意它也就是这一二年的事，因为以往我购藏艺术品时，主要是从苏富比、佳士得、嘉德、保利入藏。

记得第一次去中汉拍卖看预展，我竟然迷路了。

那天到了北京的瑰丽酒店竟然找不到预展的地方，一般来说拍卖公司会在酒店大堂设置广告牌，或有明显路标指引，可这次我在酒店大堂却没有找到。问酒店前台说是在四层，坐电梯到四层却是个餐厅，找来找去还是没有找到。

小女孩时从没迷过路，长大了反倒迷路了，想想也好笑。

看个预展还找不到地方，真麻烦，我心里嘀咕着干脆去另一家拍卖公司算了。就在我按下电梯准备下楼时，电梯门刚好打开，走出来的是古董大行家韦九谷先生。

九哥一见我，就问：“看完预展了？”

我说：“没找到地方啊。”

九哥笑笑，自告奋勇带我去，他一边走一边说：“哪儿都见到你，你真努力啊！”

“九哥你还不是一样吗？”

“哪能比啊，我是做这门生意的，你是玩儿的，你留些机会给我们好不好。”

这是哪儿的话！九哥的生意做得大，行内出名的，我一个小女子哪能比呢。

我们一边说着，一边在他领路下三拐两转，很快就到了。原来预展是设在瑰丽酒店另一幢大楼的四层里。

中汉拍卖自具特色，它专心只做瓷器这一个门类，不像其他拍卖行有书画、珠宝、家具等好几个门类。既然只做一个门类，靠“一板斧”营生，可想而知，那一定是要努力把这个门类做专做透，做出特色和口碑，唯有这样，才能生存和发展。中汉拍卖这些年在瓷器门类上做得相当不错，是行家们特别喜欢去淘宝的地方。

特别是它以“虽残犹珍”来喻意的“犹珍”专场，取其品相虽有残缺之憾，但论其拍品艺术、文化和历史价值却仍为珍贵之意，我特别赞赏。

在瓷器收藏界，有一种观点是“瓷器毛了边，不值一文钱”。我个人认为瓷器是易损之物，在几百年乃至上千年的使用流传过程中，碰损是常事，留到现在仍然完美无缺的固然难得，但大部分或多或少有些瑕疵。完整器获得市场高价是因为难得，而有些稍有瑕疵的伤残瓷，也留着历史的痕迹和当时的生产工艺，也有一定的史料价值和研究价值，怎会不值一文钱呢？毕竟现在连瓷片都很贵了。

我个人认为：如果不是破了重粘、或掉下一块用其他材料重新修补的话，有些不影响其整体美感的小冲小磕的所谓伤残瓷，其依然不失为一件难得的艺术品，这样的例子比比皆是。

“犹珍”专场就是为这些有瑕疵的古瓷器提供了流通场所，善莫大矣。

“人弃我取”，卞总的生意眼光有其独到之处。

在一个行家聚集比试眼力的地方，一个藏家要在行家堆里捡漏，谈何容易。这时，要找他们不关注的东西才有机会，像那些青花、粉彩等热门货，只能拼资金了。好东西拼价格争得辛苦，普通货收来没意思。此前我也看过几场中汉的预展，一直没发现心仪的。这次收到中汉寄来的拍卖图录，翻看时觉得有几件东西还可以，但到预展现场上手后，觉得还是不符合自己的收藏标准，就不考虑了。反倒是来前没留意的一件大器物吸引了我，那是一只嘉靖款识白釉饕餮纹交龙钮瓷钟，图录断代是“康熙”。

吸引我的原因首先是器型硕大，看图录以为是跟普通瓷钟大小相似，没想到实物高达 26 厘米，比普通瓷钟足足大了好几倍；其次是瓷钟顶部用于吊挂的钟钮，设计特别，构思巧妙，用交龙作钟钮用来吊挂瓷钟，真是匠心独运。

什么叫交龙？就是两条龙互相依倚。《周礼·春官·司常》有云：“日月为常，交龙为旂。”《释名·释兵》有云：“交龙为旂：旂，倚也。画作两龙相依倚也。”

这只挂钟虽硕大却无笨重之感。由于钟顶以交龙作挂钩，反而显得别出新意，刚劲有力，体现出宫廷重器的气象。

嘉靖款识白釉饕餮纹交龙钮瓷钟钟钮

此钟结构可谓一流，钟钮为交龙型，细节生动，设计精妙，颇具古风神韵，造型又兼具风尚。

清宫帝王所用的印玺，特别是尺寸硕大的重要印玺，也大多是交龙纽的。

钟本为古代乐器，湖北省博物馆藏有一套被称为“稀世珍宝”的曾侯乙编钟，出土于2 400多年前战国时期诸侯国曾国的国君之墓，其精湛的铸造技术和良好的音乐性能改写了世界音乐史。

中汉拍卖预展现场的嘉靖款识白釉饕餮纹交龙钮瓷钟

此钟造型仿制古代青铜钟的式样，霸气舒展，古朴华美，纹饰雕琢细致，独具特色。

钟在古代不仅仅是乐器，还是象征地位和权力的礼器，王公贵族在朝聘、祭祀等各种仪式、宴飨和日常燕乐中，广泛使用钟乐。

这只白釉饕餮纹交龙钮瓷钟的造型和纹饰均仿制古代青铜钟的式样，而制造材料为瓷质，当非实用器，它本为文人墨客寄托意趣的案头摆设。在清宫中，瓷钟不用于乐事，只是帝王用于观赏的陈设器。

该钟钟钮为交龙型，可用于悬挂，瓷钟圆顶，斜弧壁，口沿外撇，通体施白釉，釉面肥厚。腹部饕餮纹、回纹和弦纹。下部回纹中间横书“大明嘉靖年制”六字款识。制作工艺巧究，是一件不可多得的御用文房佳器。

我上手良久，芳心暗可，却不动声色。

回到酒店，我迅速查找资料。根据图录显示，此钟有一个非常显赫的来源：卡尔·坎普博士（Dr.Carl Kempe）旧藏。

卡尔·坎普在中国古瓷器收藏界鼎鼎有名。

卡尔·坎普生于1884年，卒于1967年，是瑞典著名工业家，把经营伐木的家族小公司转型为纸张制造行业的世界标杆企业。

坎普还是著名的运动员，曾经在1912年瑞典斯德哥尔摩的夏季奥运会上夺得男子网球双打银牌。

后来，坎普成为20世纪西方最狂热的中国古玩收藏家之一，以收藏的中国金银器和白釉瓷器闻名于世，其藏品之精美，品味之优雅，让世人赞叹。坎普收藏的白釉瓷器成为空前绝后的存在，上至隋唐，下至晚清，几乎覆盖了历史上所有经典的白釉种类，品种无比丰富，蔚为大观。

卡尔·坎普博士购买了前瑞典皇宫Ekoisund，并用11年的时间对旧皇宫进行修缮，以此作为自己的居所并用于保存藏品。他还常常把藏品借展于大型国际展览，其藏品图录已成为研究中国白釉瓷器和金银器的权威书籍。

伦敦《东方陶瓷学会会刊》，这样形容卡尔·坎普博士的收藏观："他对陶瓷的形与釉色更为关注。对他来说，器物的纹饰远没有那么重要。"

20世纪最著名的古董商卢芹斋（C.T.Loo）曾这样评价卡尔·坎普博士："他专注于白瓷和金银器物，品位独到，对于完美且上等的，从不还价。"

"从不还价"——这是何等的热爱！

把旧皇宫买下来用来居住和收藏，并用11年的时间进行装修，这是何等豪横！

由此可见，他的藏品水准。

即便到了现在，卡尔·坎普博士的旧藏品仍能在国际上拍出很高的价格。

这只白釉饕餮纹交龙钮瓷钟，曾于2008年11月18日在巴黎苏富比上拍，拍卖编号222。它还著录于1964年出版的《卡尔·坎普藏中国瓷器图录》第206页，图697。

2008年11月18日巴黎苏富比拍卖图录，编号222的白釉暗花饕餮纹交龙钮瓷钟

奥运会网球亚军、世界顶级的白釉瓷器和金银器收藏家、世界著名的工业家，集这几种不同身份于一身的卡尔·坎普博士真是一个传奇，这只白釉饕餮纹交龙钮瓷钟的旧藏家是如此的显赫。

第二天，我到中汉拍卖展场再次上手这只白釉饕餮纹交龙钮瓷钟。

昨天不是已鉴赏过了吗？为什么还要再次上手呢？

我对有意向入藏的拍品，总会多次上手。因为有些艺术品，初看惊为天人，再看不过尔尔，三看掉头就走。真正好的艺术品，一定会经得起看，而且越看越有味道，这才是好作品。

在不同的时段鉴赏同一件拍品，也可以防止遗漏上回走漏眼没有看到的细节。再次上手这只白釉饕餮纹交龙钮瓷钟，发现它的釉色与清代瓷器不大一样，清代的白釉是清亮的，而明代的白釉有点乳浊，这只瓷钟的釉色更偏于甜白釉，那几个“大明嘉靖年制”的款识，更与康熙的款识完全不同，不是一个味的，或许康熙是完全按明嘉靖来仿烧。

这只来源好、有故事、有著录，市场少见的嘉靖款识白釉饕餮纹交龙钮瓷钟，我暗下决心，一定要拿下来。

这只瓷钟拍卖时间是 2017 年 6 月 17 日晚上，那天可真忙啊！好几件事都挤在一起了。早在前几天，时任嘉德瓷器部总经理的于大明先生邀请我参加 17 日晚的嘉德晚宴。而那一晚，刚好也是中汉拍卖的夜场拍卖。

嘉德晚宴一席合照

五湖四海的藏家欢聚一堂，高朋满座，一期一会，难忘今宵。

当晚，我先去参加嘉德晚宴。除了于总的拳拳盛意外，嘉德晚宴我每年都去与有荣焉，这次不参加不好。我相信自己能把控住时间，可以踩着时点去参加中汉的夜场拍卖。我没办理电话委托，因为不想太多人知道我的动向，毕竟我已在北京城里。

每年的春秋大拍前夕，中国嘉德拍卖总会举办大型的晚宴招待嘉宾，五湖四海的藏家欢聚一堂，衣香鬓影，高朋满座，热闹非凡。

嘉德的号召力无与伦比，收藏圈中的名人基本上都在晚宴亮相了，大家借嘉德晚宴之机欢聚交流，其乐融融。于总担心我被人灌酒，特意安排我坐他身边，帮我挡酒，于总不仅面貌英俊，还是一个细心的护花使者。

中国嘉德董事长王雁南（左）与冯玮瑜在嘉德晚宴上

王雁南副董事长多次促海外藏品回流，极大地促进了中国艺术品市场的发展。

作为主人的嘉德的各位领导更是频频到各席敬酒交流。中国嘉德国际拍卖有限公司董事长王雁南来到我们那席敬酒，她见到我很高兴，两人轻轻碰杯呷一口酒，她又拉我到一边说了几句悄悄话。我们还没说多久，瓷器圈的一堆藏友跟于大明总经理喝过后，马上围过来给王董敬酒……今夜良宴会，欢乐记今宵。

一期一会的嘉德晚宴真令人难忘。

酒虽然喝了不少，我却很清醒，记得今晚要做的事。看着晚宴进行到差不多了，我瞅瞅时间，就提前告辞赶去中汉拍卖现场。

中汉拍卖在白天已拍过一轮了，晚上是夜场，拍场里人坐得满满的。瓷钟拍卖编号排在中间。我就是奔这一件而来的。我时间点踩得刚刚好，即使路上有小塞车，当我来到时，仍然赶得及，距上拍这只白釉交龙钮瓷钟还有十多个号。我就笃定坐下来，静看别人举牌，反正其他都是过眼烟云。

当轮到这件拍品上拍时，我不慌不忙举牌应价……

“倚天一出，谁与争锋”，中汉拍卖这只白釉饕餮纹交龙钮瓷钟最终被我拿下了。

真是“时来天地皆同力，运到心想自然成”。一个人跟器物的缘分，好像是冥冥之中注定似的。

既已得手，我立即离开拍场，披星戴月匆匆地赶去北京古玩城。因为刚才在嘉德晚宴喝酒时约好几位朋友：今晚嘉德晚宴后，我们接着到北京古玩城的佳趣雅集总部来个小聚会，继续喝酒，不醉无归。

北京古玩城有个好处，营业到深夜。或许因为白天客户忙，晚上才有空来逛逛，喝杯茶，聊聊天，看看古董，谈着谈着生意就谈成了，所以在古玩城开店的老板们都是夜猫子。北京古玩城有很多传奇故事，也成就了一些行家、藏家，他们的精彩故事等以后有机会再跟大家分享。

当我到达北京古玩城佳趣雅集总部时，张志、梁晓新、韦九谷等一群人早就在座了。他们都是当今瓷器收藏圈里响当当的人物。

冯玮瑜和众多师友在京城佳趣雅集总部把酒夜话

作为主人家的张志，是佳趣雅集的理事和召集人，他说自己是“被瓷器耽误的爱玉人”，其实他是“被收藏耽误的家电商”。早年他在京城做家电和录播设备生意，生意做得很大，连中央电视台都是他的客户。那时候黄光裕的“国美”还没成立。要不是张大哥退出家电行业太早，说不定日后的“国美”与“苏宁”争霸格局就不一样。他真真是被“爱好”耽误了！不过，人生一世，草木一秋，做自己喜欢的事，才是无价的。当今“志哥”在收藏界名声很响，是个大名鼎鼎人物。

再说韦九谷，九哥在2016年苏富比秋拍以4 086万港元勇夺珐琅彩小杯的风采，依依历历在目，那时我在现场。2016年以7 800万元创纪录成交的建盏，九哥可是举到前一口，多么威武！难怪张志说，去年全国个人买货总额，九哥是冠军。

而京城古董界四大才子之一的梁晓新，曾在2004—2005年担任苏富比艺术学院中国首席代表，后来成立正观堂，从事中国古代艺术品鉴藏与投资顾问公司工作。我的藏品里有几件曾是他的正观堂旧藏。他们家是收藏世家，20 世纪八九十年代就在海外艺术品市场弄潮。他年少成名，眼力过人，又曾当过苏富比艺术学院首席代表，有理论，有实践。现在他既从事收藏活动，也做策展人，举办艺术展览，又是佳趣雅集的学术顾问，还主编过《迤逦形色——十七世纪单色釉特展》等多部书籍。梁晓新浸淫古董圈多年，深知内里乾坤，更兼知识渊博，辩才无碍。他用笔名批评收藏乱象的文章更是一绝！针砭时弊，一语中的，让人拍案叫绝。

那么多瓷器大藏家早已在座，我却因参加中汉夜场拍卖所以来迟了，所以一进门就连连道歉。

他们一听说我居然在两场酒会中间，还能加插跑去中汉拍到了一件东西，非常惊奇：刚才不是一块喝酒的吗？怎么一转眼，你竟能去中汉拍了件东西呢？

是的，百忙之中，仍能有条不紊地实现目标，因为我是一个理性的、能控制自己的人。我也是从

冯玮瑜到嘉德讲堂祝贺梁晓新（左）的讲座圆满成功

商战里打滚出来的，否则，怎会能跟他们称兄道弟做朋友呢。

大伙非常感兴趣，忙问是哪一件，我就说是那只明嘉靖款识白釉饕餮纹交龙钮瓷钟。

梁晓新马上追问是多少钱落槌，我老老实实坦白交代。

梁晓新一听，马上瞪大眼睛，一副吃惊的表情：“啊！你捡大漏了！”

“啊？真的吗？”

从中汉竞拍后过来，我没觉得自己捡了什么漏，反倒梁老师那惊奇的表情，让我也吃了一惊。

梁晓新说：“那只白釉瓷钟是异型器，烧制特别困难，没有统一的模具，也不能大量生产。特别是那个交龙钟钮是捏塑后粘上去的，不是转盘拉出来的，烧时也要注意温度，温度过高就会变形甚至烧断、烧歪，过低又烧不熟。”

玮瑜说瓷

捏塑：将泥料用手按需求捏制成型，是陶瓷手制成型的方法之一。

梁晓新接着说：“卡尔·坎普是一名化学家，也是国外收藏白釉最多、最有成就的大收藏家。他在20世纪60年代就去世了，他的藏品在国际市场上释出时，国内还未形成艺术品收藏的风气，因此国内收藏界对他了解不深。如果是现在释出，他一定是与‘玫茵堂’齐名的大收藏家。卡尔·坎普认为中国白釉是世上烧得最好的釉色，而且他收白釉有另外的角度，科技含量达到一定水准的白釉器他才收。因为他本身是一名化学家，用科技角度看瓷器。他收藏的白釉瓷器都是水准非同一般的。”

梁晓新继续说："卡尔·坎普是白釉瓷器的大收藏家，我也收过几件他的旧藏，他对白釉研究以及眼光，可以说无人能及，没有人像他钻研得那么深。"

梁老师兴致勃勃，滔滔不绝，说得我心花怒放："难道我真的捡漏了？"

"不对。"梁老师眯着眼睛摇着头说，"你不是捡漏了。"他顿了一下，一板一眼大声地说，"你是捡——大——漏了！一件顶百件呐！"

"啊！"我张开嘴巴，久久不能合上，惊讶又开心。

旁人也赞叹不已。

我不敢贪功，忙说："中汉拍卖还是九哥领我进去的，他是我的带路人啊。"众人又是一阵起哄，闹着非要我跟九哥干三杯。

学者讲理论，商人谈吃喝。

嘉德晚宴是名庄红酒配法国菜，这里是"草头王酒"配小龙虾。以酒代茶，不亦乐乎。

墙壁上挂着王刚老师题写的"佳趣雅集"横幅，台面上摆着一盒盒外卖送来的麻辣小龙虾，地上摆放着一箱张志代理的"草头王酒"……大伙儿畅所欲言，笑语欢天。

以酒当茶的佳趣雅集夜会

人不分南北，酒不分你我，人生得意须尽欢，莫使金樽空对月。

外卖哥一次又一次送来红彤彤、辣翻天的小龙虾，张志的"草头王酒"开了一瓶又一瓶，人们喝了一杯又一杯，酒酣耳热，一张张通红的脸，说着掏心窝的酒话。

肴馔既尽，杯盘狼藉。洗盏更酌，相与欢笑。天南地北，群英欢聚，喝得开心畅怀，不知不觉已是深夜三点多钟。我们七歪八倒，互相搀扶着惺惺相别，因为明天还有其他公司的预展和拍卖会。此时的京城，灯火熠熠如繁星满天，星汉西流夜未央，更深人未静。

“春风桃李一杯酒，江湖夜雨十年灯。”（黄庭坚《寄黄几复》）

第二天到其他拍场去看预展，每一家拍卖公司都有人对我说：“昨晚你们吃麻小喝美酒，瞧你们玩得真开心。”为什么一场小小的私人聚饮，第二天就传遍京城各拍卖公司呢？因为座中都是圈内大名人啊！

“忆昔午桥桥上饮，座中多是豪英。长沟流月去无声。杏花疏影里，吹笛到天明。”（陈与义《临江仙·夜登小阁忆洛中旧游》）

清宫内务府档案的相关记载中，也有多次烧造、赏玩和谕旨如何陈设瓷钟的记录，例如：

> 《乾隆四年各作成做活计清文件》记载：“十一月十八日，七品首领萨木哈、催总白世秀将唐英照样烧造得……照发去钟样烧造得填白钟四件、青花白地钟四件并原样钟二件……持进交八品官高玉、太监毛团、胡世杰呈览，奉旨将填白钟二件、青花白地钟一件、原样钟二件留用，其余俱送往圆明园内总管侯大运新磁器，到时一同挑选等次，钦此。”
>
> 《乾隆四年各作成做活计清文件》记载：“十一月十八日，七品首领萨木哈、催总白世秀来说八品官高玉、太监毛团、胡世杰交，填

白磁钟二件、青花白地钟二件，传旨着各配一架。钦此。于本年十一月十二日，将填白磁钟一件、青花白地钟一件俱配得紫檀木架。”

《嘉庆十三年三月立重华宫、养心殿、建福宫各殿陆续撤下库收陈设》记载：“……东南进间宝座床上撤下……填白磁挂钟一件（有透璺，紫檀木座）……”

《光绪十一年十二月月色江声分下清舒山馆陈设铺垫等项清档》记载：“前宫：……填白磁挂钟一件……白磁挂钟一件（系粘紫檀架座）……”

《光绪十一年十二月芳园居等处陈设铺垫等项清档》记载：“磁器铺为设……填白磁挂钟二件（无架）……”

《宣统二年十二月芳园居收存六庙陈设等项清档》记载：“普乐寺：……填白瓷挂钟一件（毛边五彩瓷架有磕折伤）……”

这只明嘉靖款识白釉饕餮纹交龙钮瓷钟或为清宫档案中屡次提及的“填白磁钟”或“填白磁挂钟”里的一种，可见当时为宫廷文房陈设雅器。

这只白釉交龙钮瓷钟是中汉拍卖公司的卞宗亮经理亲自送来广州交给我的。他不仅是把拍品交给我，还把一套相关资料也送给了我。

原来中汉拍卖先找出《卡尔·坎普藏中国瓷器图录》里摄于20世纪60年代的这只瓷钟的旧照片，按当时的拍摄角度，重新拍出新照片，然后将新旧照片都放到电脑上，在电脑上把所拍摄的瓷钟缩放到大小一致，然后叠加在一起，对瓷钟的各部分进行对比分析，结果清楚地表明：不但器型一样，交龙形态一样，连釉面的缩釉点都一样，确是同一件器物无疑。特别是钟顶的交龙，是用人手捏塑后粘上去的，经 1300 多摄氏度高温烧制时会有收缩及微小变形，不可能烧出两件一模一样的交龙。除此之外，瓷钟某些部位的缩釉点也完全相同。

手工制作的瓷器，经过土、釉、火的工艺流程，能够达到完全一致的，甚至连缩釉点都克隆得完全一致的，至今未见！现在的科学技术还没发展到那么先进的程度。

玮瑜说瓷

缩釉：在陶瓷生产过程中，由于多种原因，往往在烧成后有釉的产品表面上会出现局部无釉缺陷，即缩釉。一般来说，在陶瓷釉面上显示的缩釉缺陷可能是在烧成前或烧成中引起的。

中汉拍卖的工作做得真细心，不知道是不是因为我是第一次在它们那里竞得拍品，所以他们特别照顾我呢。

卞宗亮是一个阳光帅气的年轻人，虽然年轻，做业务已经独当一面了。他能说广州话，我们聊得非常投缘，我就问他为什么会进入拍卖行业？从业多长了？为什么选择供职于中汉拍卖？

卞宗亮老老实实地说：“我大学并不是学这一行的，当初到中汉拍卖工作是投亲靠友进去的。我到中汉报到的第一天，老板让人带我到公司各部门走走看看。刚到库房，看见四五个人蹲在地上，这人拿个盘，那人拿个罐，迎着窗外透进房间的自然光，歪头侧脸看着这些盘盘罐罐。这个嘴里念念有词：‘这个彩多好啊！’那个又喃喃地说：‘这个胎真好啊！’不就一个破罐子，跟胎不胎的有什么关系，真下流！看他们眼光发直、流着口水的样子就知道是不正经的二流子！抱着个破罐子就嚷‘胎’真好，脑子进水了？那时我还不知道他们嘴里说的‘胎’是行业术语中的瓷器‘胎土’，还以为是‘胎儿’的胎。我心想，这群蹲在地上、举止奇怪的人不就是一群疯子吗？好在库房里还有一个正常的，端坐在桌前，他见我进来，就招手叫我过去，让我看看桌上摆着的一个罐子。我一看，破的！还缺个耳朵，这有什么好看的？

那人说：‘明天别人要来提货了，快看看吧，这件元青花是近年来发色最好的一件了，以后就再也看不到了。’

天呐！原来这人也是一个疯子！

中汉拍卖卞宗亮经理（左）亲自将明嘉靖款识白釉饕餮纹交龙钮瓷钟送到广州交给冯玮瑜

不就是一个破罐子吗？根本就没插有什么青花、白花啊！哪有什么圆的、扁的花呢？

天呐！要跟这群疯子混在一起，怎么活啊？

到下班时我就跟老板说：‘哥，看来我是干不了这一行了，安排我做别的工作吧，就做个办公室文员也行啊。’

老板说：‘我们公司有个规矩，新来的员工一定要在库房工作一年，从最基本的技能学起，包括一件器物没有包装时如何利用手上的材料马上做一个包装盒，这是外出收货时常遇到的问题，还有如何拿器物、如何鉴定器物等等……不过，不少人连一个月都坚持不下来。你真的要放弃吗？'

我一听差点晕了过去，不但要进库房，还要一年，惨啊！身边都是一群疯疯癫癫的家伙，简直是进疯人院了。

我一个从外地来北京的打工仔，投亲靠友才找到这份工作。老板也是自己的堂哥，既然堂哥这样说，还有选择吗？离乡别井，总得有个地方吃饭呀。"

"后来呢？"我好奇地问。

卞宗亮长叹一声："接下来可真是吃尽了苦头啊！讲个例子吧，中汉有个规矩，时常都有分析会，就是一件东西进库后，拿出来分析评议，全公司都参加，包括行政、财务人员，大家都要学习。我有一次拿一个瓶子，放下来时手重了一点，有点声音。老板一见立即开骂，当着公司全体男男女女、老老少少的面骂得我狗血淋头，简直是颜面尽失，无地自容……唉，骂得我一点自尊都没有啊！"

"结果呢？"我继续追问。

卞宗亮摇摇头，苦笑一下："结果？结果就是我要找女朋友就别想在中汉找了，哪有面子啊……不过从那之后，我拿东西的时候都会非常注意。半年后，我还真喜欢上了这一行，也变成了外行人眼中的疯子。"

"那你进步也挺快呀，都可以单独外出做业务了。"

"还不是磨炼出来的。记得第一次单独收货时，客人拿出一件器物，问我：'能够上拍吗？估价是多少钱？'我脑袋'嗡'一声直接懵了。以往都是由上级带着去征集，不用自己做决定，看别人收货定价好像挺简单。可一下子独当一面，瞬间就要判断器物真假，市场能够接受什么价格，有没有客户喜欢，能否拍卖出去？还要立刻决定是否收货，以什么价格收货，这真不是轻松的事。”谈到业务，宗亮的眼睛里又闪烁着明亮的光芒，恢复到一个朝气蓬勃的小帅哥模样。

由抗拒转而到喜爱，由不懂业务到注重细节，这是一个拍卖从业人员的成长历程。有什么样的老板就有什么样的员工，对员工的培训可以看出一个公司的风格，怪不得中汉近年做得有声有色。

我曾在中汉办公室见过那本《卡尔·坎普藏中国瓷器图录》，我请求卞总帮我买一本。卞总对我说：“这一本是同事的，不是公司的。你放心，我一定买一本送你。”

趁宗亮送货过来时我便问他有没有找到？宗亮说还没找到。

后来每次见到宗亮，小帅哥总是非常诚恳、非常抱歉地说：“那本书不找的时候经常见到，需要它的时候却找不到了。你放心，这事我记着，一定会帮你找到的。”我连连道谢，继续耐心等着。

几回之后，宗亮渐渐不提这事，我想，人家拍卖工作都忙不过来，这等小事可能顾不上。我也不好追问他了。

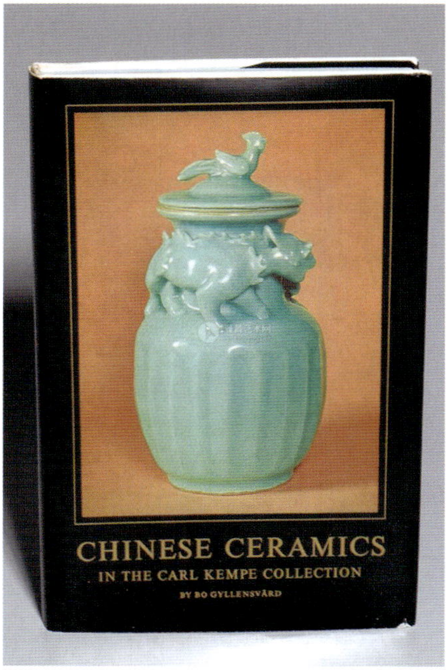

《卡尔·坎普藏中国瓷器图录》

冯玮瑜在上海芸书房“你所不知道的中国收藏”讲座现场

可我一直惦记着要找到《卡尔·坎普藏中国瓷器图录》，因为图录里有那只明嘉靖款识白釉饕餮纹交龙钮瓷钟，那是一个非常好的来源资料，可是一直没找到。

2018 年 5 月 20 日，我到上海芸书房为拙作“冯玮瑜亲历收藏系列”——《藏富密码》做上海地区签售活动并作“你所不知道的中国收藏”讲座。讲座后闲话家常时，当我说起这两年一直在苦苦找寻卡尔·坎普的藏品图录而不得时，芸书房的女主人伊芸女士立即从身后的书柜中拿了一本旧书出来，快得像变魔术似的。

“是这本吗？”她问。

“请查查看是否有白釉交龙钮瓷钟？”

不出十秒钟，伊芸就翻了出来递给我看，正是我的藏品！

我找这本书两年未找到，她瞬间就帮我找到了。学有所长，术有专攻，行行出状元，做书商的也需有专业素养。

芸书房主人伊芸女士（右）持《藏富密码》与冯玮瑜合影

踏破铁鞋无觅处，得来全不费功夫。一书一器，互相印证，再无存疑。

广东省博物馆将于2018年7月28日至8月26日举办“五色祥云——自得堂藏宋元明清单色釉瓷器特展”。为此，广东省博物馆基金会特意组织专家组来我处甄选、鉴定展品，专家组成员由国家文物鉴定委员、故宫博物院研究馆员冯小琦，深圳文物考古鉴定研究所所长任志录，广东省文物鉴定委员会委员、广东省文物鉴定站资深专家潘鸣皋，广东省博物馆副馆长阮华端，广东省博物馆专家段小红等组成，他们对每一件展品都进行鉴定把关，并签名确认。

明嘉靖款识白釉饕餮纹交龙钮瓷钟

广东省博物馆“五色祥云——自得堂藏宋元明清单色釉瓷器特展”现场的白釉饕餮纹交龙钮瓷钟

当这只白釉交龙钮瓷钟摆出来鉴定时，潘鸣皋老师首先上手，仔仔细细地看了一会儿，就问：“你不会是当‘清代’的来买的吧？”

“图录写的是清康熙的，就是按清康熙来买的。”

“啊！你捡大漏了！这可是明代的东西啊！”潘老师赞叹地说。

“虽然它本身的款识是‘大明嘉靖年制’，但拍卖图录认为它还是康熙的，是康熙仿嘉靖。”我说。

“康熙的白釉与嘉靖的白釉不是一回事，区别很明显，这只交龙钮瓷钟怎么看都是明代的白釉。”

康熙白釉是康熙瓷器的名贵品种之一，清代的白釉与明代的白釉略有不同，与釉料配方及胎土关系甚大。更重要的是到了清代的时候，明代制作御瓷的胎土已经开采完，所以清代使用新的胎土来制作御瓷，烧成效果与明代的不同，釉色泛青，更加纯白。

听潘老师这样说，我觉得有道理，怪不得我第一次见到它时，感觉它的釉色有点不一样。它的釉层浑厚，釉色近似甜白釉，与常见的康熙白釉相比的确有些差别，没有康熙白釉的透亮，可我当时只认为是康熙仿嘉靖所致。康熙白釉的特点是釉质莹润，釉面无片纹，略有闪青现象。

听见潘老师提出了不同的鉴定意见，立即引起其他专家的关注，他们马上聚拢过来研究这只白釉瓷钟。接着上手这只白釉钟的任志录所长说：“除了釉色之外，明代的造型、胎体厚薄与康熙还是不一样的。这只交龙钮瓷钟，明代的特点还是很明显的，我也认为是嘉靖的。”

冯小琦老师也接过这只白釉钟，仔仔细细地转着看了一圈，又打着手电筒观察了一会，然后点点头说：“的确是嘉靖的。”

我说这是卡尔·坎普的旧藏，并载于 1964 年出版的《卡尔·坎普藏中国瓷器图录》。专家们说快拿出来看看，我马上拿出图录，翻开第 206 页，在这件白釉交龙钮瓷钟的说明中清清楚楚地写着“明嘉靖”，也就是说，卡尔·坎普也把它断代为明嘉靖。

潘老师对着其他几位专家说：“那就把它从清代改到明代吧。你们有什么意见？”

“同意。”三位专家一致同意，在鉴定报告上把这只嘉靖款白釉饕餮纹交龙钮瓷钟由清康熙更改为明嘉靖，并分别签名确定。

"五色祥云——自得堂藏宋元明清单色釉瓷器珍品展"鉴定专家在自得堂合影
（从左到右：段小红、阮华端、潘鸣皋、任志录、冯小琦、冯玮瑜）

潘老师再次感叹道："你捡大——大——大漏了！"

一个从没想过"捡漏"，也劝诫别人不要老想着"捡漏"的人，却接二连三地被专家们说"你捡大——大——大漏了"。

——这是真的吗？

"今宵剩把银釭照，犹恐相逢是梦中。"（晏几道《鹧鸪天·彩袖殷勤捧玉钟》）

嘉靖与康熙，价格差别甚大，真的捡大"漏"了？

"捡漏"是所有藏家一听就振奋的两个字，我真佩服这个词的发明者，把人贪便宜的心理拿捏得死死的。

我对着器物摸了又摸，看了又看，一会儿觉得专家说得实在太对了，一会儿又觉得还差点什么……那一晚，天人交战，一夜折腾。

第二天一觉醒来，阳光已洒入房间，人格外地清醒，昨晚的兴奋已一扫而光，马上要做的是查找资料。对一件器物的断代，专家老师们的意见固然重要，最好还有史料、文献的支持，才能万无一失。

我翻查资料，没有查到明代嘉靖时期有制作瓷挂钟的记录，我手上的资料显示：瓷钟最早见于清宫旧藏的是明代天启时期的青花制品，清代康熙至乾隆官窑均有烧造，却未查到有嘉靖烧造的记载。

或者是我没有查到更完备的资料档案，希望日后能有更多资料佐证。——是不是我太较真了?

秉持学术，小心求证，不因市场价格而左右自己的判断，这是我的收藏理念。

“不以物喜，不以己悲。”（范仲淹《岳阳楼记》）

心底无私天地宽。

一夜烦恼随风去，轻舟已过万重山。

专家们仔细鉴定嘉靖款白釉饕餮纹交龙钮瓷钟后，将其年代由清康熙更改为明嘉靖

玮瑜谈收藏与理财

把握时机，恰到好处地出手

要抄底买入一只下跌的股票，就如同想抓住一把迅速下落的飞刀。

全球最佳基金经理　彼得·林奇

在一次中汉拍卖的预展现场，一只标示为康熙年间的硕大瓷钟吸引了我，上手良久，我芳心暗可，却不动声色。查证后发现它竟是卡尔·坎普曾经的藏品。卡尔·坎普是20世纪西方最有影响力的中国古玩收藏家之一，其藏品无不精美优雅，令人赞叹。我最终一举竞得这只瓷钟，真是痛快淋漓！

这个竞拍过程看起来是捡漏，其实自从留心到它后，我做足研究、准备工作，才是我竞得它的原因。由此说明，所谓捡漏也需要做好前期准备工作，抓住好时机再精准出手。

我们做投资的时候，也需要把握正确的时机，才能赚取正收益。我们都明白，投资就是低买高卖，赚取差价。但说起来简单，做起来很难。什么时候才是合适的进场时机呢？“别人恐惧我贪婪，别人贪婪我恐慌。”巴菲特的这句话只是告诉了我们一个投资心态，而没有表明合适的时机。在股市下跌过程中，我们欣喜地以为机会来了，而大胆地抄底，更像是接飞刀，极有可能买在下跌途中的半山腰。

关于股市投资的时机把握，不同的投资大师有不同的见解，目前尚无一个固定的准则，但投资大师依靠自己独特的见解把握时机都实现了财富增值。关于预测市场时机，彼得·林奇曾提出一个经典的鸡尾酒会理论，他认为股票或基金交易有4个阶段。

第 1 阶段：彼得·林奇介绍自己是基金经理，人们与他碰杯就走开。人们不愿谈论股票，更愿意和牙医谈论治疗牙斑的事情，这说明股市已经探底，下跌空间有限，这是出手购买股票或基金的好时机。

第 2 阶段：彼得·林奇介绍自己是基金经理，新认识的客人会稍微逗留在他身边，抱怨股市的低迷，但还是很快和牙医去交谈，这个阶段其实股市大多已经上涨，此时要牢牢握住手中筹码。

第 3 阶段：彼得·林奇介绍自己是基金经理，人们都围过来询问该买哪只股票或者股市接下来将是什么走势，连牙医也会这样询问，这说明股市应该到了阶段性高点，要考虑适当抛售手中的筹码。

第 4 阶段：不用等彼得·林奇介绍自己是基金经理，人们就在酒会上大谈特谈股票，甚至牙医主动向他推荐股票。当其他人告诉林奇该买哪只股票，而且后来股价上涨后林奇感到后悔于没有听从他人的建议，说明股市很可能已经到达高点，大盘即将开始下跌。

直到今天，这个鸡尾酒会理论仍适用于金融投资领域。谁都希望自己能够高买低卖赚取收益，而找准时机就是我们需要修炼的内功，只有学会判断大趋势，才能恰到好处地把握时机出手。

第 10 章 梅子青青正当时

一只明洪武处州龙泉窑卧足盏入藏记

将一泓浅碧执于掌心间，

此刻，盏中没有一滴茶，

却盛满了一个令人神往的时代。

藏品名称 处州龙泉窑卧足盏

年代 明洪武

尺寸 口径 8.5 厘米

来源 日本资深藏家旧藏

2014 年 11 月 20 日中国嘉德“杯中趣——瓷杯集珍”专场，编号 3031

著录 “五色祥云——自得堂藏宋元明清单色釉瓷器”广东省博物馆 2021 年 6 月，第 210 页

展览 广东省博物馆“五色祥云——自得堂藏宋元明清单色釉瓷器特展”2018 年 7 月 28 日至 2018 年 8 月 28 日

此盏釉质厚腴温润，釉色青绿纯美，造型端庄，唇口，浅腹，卧足，器底内凹，底承圈足，中间一周涩胎无釉，露火石红；捧之在手，则古之幽思，油然而生。内外口沿均刻回纹一周，内底剔刻花卉纹，刀法流畅，纹样清晰，品质上乘，当属洪武处州龙泉官窑之精品。古代龙泉窑旧址已经颓废，可那一捧窑火却薪火相传，燃烧至今，延续千年。浴火而生的瓷器不仅体现着古人的智慧，更彰显着生生不息的东方匠心。

2020年10月19日，北京保利拍卖十五周年庆典拍卖会上，一件编号为5137的明代梅子青釉点褐彩蒜头瓶以1 898万元人民币高价成交，再次扩展了龙泉窑瓷器的价格上升空间。

其实，这件拍品最早出现在2016年11月30日的香港佳士得“养德堂珍藏中国古陶瓷专场”，以1 200万港元高价成交。

香港佳士得、北京保利这两场拍卖会，恰好我都在拍卖现场，见证了这对龙泉“飞青瓷”

香港佳士得拍卖“养德堂珍藏中国古陶瓷专场图录”

封面为明代梅子青釉点褐彩蒜头瓶

的在短短 4 年，价格增长了 800 多万元。

在香港佳士得“养德堂珍藏中国古陶瓷”专场，我入藏了两件拍品，而这对蒜头瓶是该专场的封面拍品，所以我印象深刻。

养德堂专场的拍品，全是经著名古董商张伟华老师掌眼的。而在养德堂主人过世后，佳士得这场养德堂专场拍卖，也是张伟华老师作为幕后推手在策划操办。我跟张伟华老师早就认识，也时常向他请教。

“云中居”主人张伟华先生（右）与冯玮瑜合影

在收藏市场，有两个阶段的龙泉窑瓷器特别受关注，一个是宋代，2018 年香港佳士得秋拍，一只南宋龙泉窑粉青釉纸槌瓶拍出了 4 285 万港元的高价。

另一个是明代初期，因为明初时的龙泉窑也是宫廷指定的官窑烧造地之一，那时候龙泉窑烧造的官窑瓷器就是今天行内所说的“龙泉官”。

据《大明会典·卷一百九十四》“陶器”条记载：“洪武二十六年定，

凡烧造供用器皿等物，须要定夺制样，计算人工物料。如遇数多，起取人匠赴京，置窑兴工，或数少，行移饶、处等府烧造。”

文献显示，洪武年间，饶州府景德镇窑和处州府龙泉窑两处俱为宫廷烧造御瓷。依据当时烧造规定，瓷器的造型和纹式必须由内府统一“定夺制样”再下发烧造，因此两处窑场所造的同类器皿有着相当一致的纹样，这也被众多传世实物所证实。只是龙泉窑的装饰技法单一，仅以釉下剔刻成图，不同于景德镇御器厂的多种装饰技法。此类龙泉器皿与明初景德镇官窑产品性质相同，地位一样，均是明初内府督造的重要器皿。因此在明初御瓷烧造活动中，处州龙泉窑与景德镇御器厂彼此关系非常密切，共同谱写了朱明皇朝初期御瓷的辉煌篇章。

明洪武年间，《格古要论》载：“龙泉窑在今浙江处州府龙泉县，盛产处器（青瓷）。”当时供奉皇宫、贵人用的器皿仍由“饶（景德镇）、处（龙泉）等府烧造”。

2006 年 9 月至 2007 年 1 月，浙江省文物考古研究所、北京大学考古文博学院和龙泉青瓷博物馆联合对浙江省龙泉县小梅镇大窑村枫洞岩窑址进行考古发掘，出土了一批洪武至永乐年间的龙泉瓷器，部分器物刻有五爪龙纹或“官”字款，这就明确了器物的性质，为历史文献中关于处州烧造宫廷用瓷的记载提供了实物证明。

行业内“龙泉官”，也就是龙泉官窑的说法，就是因此而起的。意思是龙泉窑在明初也烧制过供皇家使用的瓷器，这部分瓷器也属官窑，所以叫作“龙泉官窑”。特别是喜欢龙泉窑器的朋友，对龙泉窑被约定俗成是民窑而特别地愤愤不平，因为龙泉窑在明初就有作为官窑的历史，而且现在故宫旧藏里，也有很多龙泉窑瓷器。台北故宫博物院博物院曾举办过“碧绿——明代龙泉青瓷”展览，专门展示台北故宫博物院所藏的龙泉窑瓷器，展品里有不少洪武年间或明初的龙泉瓷器，并出版了《碧绿——明代龙泉青瓷》一书。

洪武年间的龙泉御用瓷器，青釉泛绿，釉色匀净，装饰技法娴熟，题材丰富多样，纹饰大气，具有很高的艺术成就。

龙泉古属浙江处州，窑业久负盛名，鼎盛于南宋时期，薪火相传，连绵不断。明初之际，龙泉窑更得宫廷赏识，成为与景德镇御器厂并立的贡御窑场，从而获得了空前的发展，龙泉窑也因此迎来了它的又一次发展高峰，并成为其历史上最后的辉煌。

我在龙泉青瓷博物馆里看到，展品大多是伤残的，或者是器形不够周整的，可见古代龙泉窑作为民窑虽然生产量大，但精品不多，虽然个别窑口曾为皇家烧造过贡品，但时间不长，存世品也不多。龙泉窑古瓷器在市场上两极分化，精品价格非常昂贵。前文提到高价成交的两件龙泉窑拍品，均是难得一见的精品，可见我一向提倡“收藏的精品原则”已被市场所证实。

北京保利拍卖十五周年庆典拍卖会上那对近 1 900 万元的明代龙泉窑瓷瓶的敲槌声，也唤起了我对一只明初龙泉窑卧足盏的入藏记忆。

2014 年 11 月 20 日，中国嘉德国际拍卖有限公司的秋季拍卖会举办了一场“杯中趣——瓷杯集珍”的专题拍卖，集宋、元、明、清的各式小杯盏共 77 件作为一个专题上拍。这是一个很有趣的专题，各式小杯涵盖多个窑口，时间跨越千年，器型纹饰多样，选题角度新颖，吸引了众多藏家。

这组专题拍品让人目不暇接，里面的一件编号为 3031 的“明洪武处州龙泉窑卧足盏”引起了我的关注，那碧青的釉色如一泓绿水，温润静谧，沁人心脾。而卧足制式，敦实厚重，凸显器型古拙，气息高古，在这个专题拍卖中独有一股不一样的神韵，与清代精致的小杯迥然不同。捧之在手，则古之幽思，油然而生。

玮瑜说瓷

卧足盏：也称卧足杯。汉代杨雄《方言》云：“盏，杯也……”一般来说，装茶、装酒的小碗或杯子，都可称为盏。卧足盏是指杯子底部无圈足，底呈内凹式样的杯子。虽然杯与盏是共通的，但也有约成俗成的称谓，例如建盏，就不会有人称之为建杯。

冯玮瑜在龙泉市青瓷博物馆

龙泉市青瓷博物馆为浙江省重点建设项目，世界非物质文化遗产龙泉青瓷的展览地，集精品展示、专业交流、收藏鉴赏为一体的青瓷文化研究交流中心。

中国嘉德国际拍卖有限公司瓷器部的高级经理张迪陪着我看预展，见我对此盏流露的喜爱之情，就介绍说此盏是从日本回流的，连包装盒也是日本原装的：一个精致的小木盒，外涂黑漆，里面由特制的与小盏釉色类似的青色小锦囊包裹着，囊口沿一圈有活动拉绳来松紧锦囊。如此精致的包装，可知上任日本藏家用心周到，极为珍重此盏！

明洪武龙泉窑卧足盏及前一任日本藏家的精致包装

一般来说，拍卖预展只提供拍品供顾客审看，并不会提供包装盒，顾客一般也没留意包装盒，特别是国外一些著名的拍卖行，成交后根本就没有包装盒提供，一二百万的拍品连包装盒都没有，只用发泡胶包裹起来；甚至从纽约、伦敦寄回来，也没有包装盒，只是发泡胶包裹了事，提货时往往看得我目瞪口呆：那么贵重的东西，就这样万里空运回来了？！

现在越来越注重传承，注重藏品的流传有绪，老旧的包装盒、底座往往保留有上几代藏家的信息，也被人关注起来了。2014 年时可不是这样的。

张迪不但陪着我看预展，还尽力协助我，忙乎了一阵子，才找出它的包装盒。我们一起研究这只从日本回流的明初龙泉盏，我们把各自的看法摆出来共同探讨。嘉德培养出来的人都很实在，张迪业务能力独当一面，待人又诚恳，我时常请教她，她也总是分享出自己的观点。

中国嘉德陶瓷部高级经理张迪（右）与冯玮瑜合影

认识张迪很多年了，我是看着她结婚、看着她喜滋滋当母亲的。她结婚前常到处征集，每到广州我们必定聚聚。虽然我一直没东西送拍，但我们之间早就超越了公司业务与客户的关系，我们一直都是好闺密。由于孩子太小，前些年她留在公司看家多些，当孩子略大一些，她又开始忙着到处去征集了。

2016年，中国嘉德和我合作举办“皇家气象——明清御窑黄釉瓷器特展”，展出我收藏的一批明清黄釉御瓷。张迪为这个展览忙前忙后，从展场的设计、人流动线的安排，到展柜的位置和制式，从图纸到现场制作，她都亲自跟进，也每每来电话跟我沟通。大到展板、展柜，小到展架、展签，从设计到内容，她都亲自跟进，连展品上架摆放陈设，她都亲力亲为。

张迪是嘉德培养出来的有能力又实干的业务骨干，做事踏实，待人很诚恳。很多人都愿意跟这样的人、这样的公司打交道，我也同样。我常常麻烦张迪，她每次都乐呵呵地说：“没关系的，这是应该的！”每次去嘉德，都能感受到宾至如归的温暖。

日本人对龙泉窑瓷器非常钟爱，龙泉青瓷是日本茶道的首选，用龙泉青瓷能提高茶道档次，这只卧足盏拿起来手感特别好，有压手感，尺寸上用来喝茶正合适。

我查看了底价，如果以普通的龙泉窑小杯盏来对比，一件直径只有8.5厘米的小杯盏，这个拍卖估价是高于市场价的。我心想，此盏是从日本回流的老器物，寄托着原主人的厚爱，自然委拍的价钱不会太低。但假如这只卧足盏是洪武年间的官窑器，那此盏的市场价可就要重新定位了，这个拍卖估价就低了。

我几次去展场上手，仔细甄别。张迪也不嫌我烦，只要有空就陪着我看，还一起品评。根据器型、胎釉、刻花工艺，可以看出这只小盏具有洪武御瓷的典型特征。对照相关资料来综合判断，可以确定嘉德图录所标明的“洪武”断代是正确的，这只卧足盏确是洪武年间的龙泉官窑。

玮瑜说瓷

刻花：指在未干透的器物坯体表面以刻刀等工具刻剔出花纹，然后施釉入窑焙烧，以达到设定的艺术效果。刻花有多种刀法，线条有宽有窄，转折变化，花纹多种，装饰效果佳，应用十分普遍，是陶瓷装饰的主要技法之一。

在2014年，明初龙泉窑瓷器不像现在。那时关注它的人不太多，藏家的目光仍集中在景德镇明清官窑上，龙泉窑瓷器像其他老窑口一样，在当时的市场上不温不火的，没有形成一个热门的老窑板块。那时候入藏龙泉窑瓷器不为追逐潮流，需要有坚毅的定力、精准的目光和过人的胆量。成就伟大收藏，不能只是做市场的跟随者，更要做市场的先行者和引领者，卓越藏家尤其需要具备知识和远见。

就是它了——我选定了这只明初的龙泉窑小盏，拍卖时轻而易举地将它拿下。

对于明初的官窑瓷器，众人比较关注景德镇的官窑，而对同时期的龙泉官窑缺乏深入研究。这只明代洪武的龙泉官窑，“养在深闺人未识”（白居易《长恨歌》）。众人一时遗珍，反倒成全了我。还没等本场拍完，坐在委托席上的张迪就发短信向我祝贺了。毕竟还有同道中人，高山流水，知音尚在。

收藏要用自己的眼睛、自己的审美、自己的判断，选择自己喜欢的器物，往往还要有前瞻性。

藏家们除了比拼经济实力，还要有超越常人的认知能力。有人先知先觉，有人后知后觉，有人不知不觉。

此盏胎体厚重，唇口，浅腹，卧足，器底内凹，底承圈足，中间一周涩胎无釉，露火石红，通体施青釉，釉层肥厚滋润，釉色青绿纯美，光亮匀净。造型敦实端庄，厚胎厚釉，气息古拙浑厚。内、外口沿均刻回纹一周，每个回纹并不相连，而是单个间断。内底剔刻花卉纹，刻工娴熟，刀法流畅，纹样清晰，质感强烈。

此盏釉质厚腴温润，青釉泛绿，品质上乘，气度严谨，洪武特征明显，当属洪武处州龙泉官窑之精品。

捧盏凝视，釉色青翠，真是“秀气蔼晴岚，翠光凝绿水”（范仲淹《寄题孙氏碧鲜亭》），令人心旷神怡，宁静致远。如此赏心悦目，真玉堂佳器也。

洪武龙泉官窑每每多见大器，粗犷有余，精致不足；似这等盈盈可握的小盏，较为少见，特别是如此精致，里外釉色通透，保持十分完美的，凤毛麟角而已。

明洪武龙泉窑卧足盏

光亮匀净，青翠滋润，莹澈剔透，富于韵味，有“类玉”之美，如一泓染着春色的水，温润静谧，沁人心脾。

心有所感悟，我随手写了一篇感想，放了两年。有次《收藏 / 拍卖》的杂志编辑来访时看了说写得很好，就拿去在杂志上发表了。没想到引起了很多人的关注，大家都说以往写龙泉窑的大多是从考古角度来考证的文章，而从藏家的角度来写龙泉窑的文章非常少，从我的这篇文章中学到很多龙泉窑的知识，而且是在买卖过程中能用到的，具有实用性，特别接地气。

《大河美术》报看见我的文章反响很好，马上又约我再写一篇，盛情难却，我又写了一篇《碧青如洗——一件洪武龙泉窑卧足盏入藏记》，同样的好评如潮。

龙泉窑是中国历史上的一个名窑，从出土的标本来看，它始于五代，盛

【藏家故事】快哉！底价竞得洪武龙泉窑卧足盏

冯玮瑜 收藏拍卖杂志

2016-05-13 18:17

收藏/拍卖

洪武龙泉窑卧足盏，直径8.5 厘米

前年，中国嘉德拍卖有限公司的秋季拍卖会举办了一场“杯中趣——瓷杯集珍”的专题拍卖，集宋、元、明、清的各式小杯盏共77

《收藏/拍卖》杂志刊登冯玮瑜关于明洪武处州龙泉窑卧足盏的文章

收藏

大河美术 23

碧青如洗

——一件洪武龙泉窑卧足盏入藏记

冯玮瑜

《大河美术》报刊登冯玮瑜的文章《碧青如洗——一件洪武龙泉窑卧足盏入藏记》

于宋代，续于元代，衰于明代，终于清代康熙年间，有近800年的烧瓷史。龙泉窑以宋代、元代和明初最为著名。龙泉窑以烧制青瓷而闻名，釉色苍翠，北宋时多粉青色，南宋时呈葱青色，元代粉青带黄绿；到了明代初期，釉色还近似元代；到了明中后期，青中带黄里的黄色随着时代后移越发明显。

明初的龙泉官窑器延续了元代的大器风范，将厚实雄浑的审美理念发挥到极致。之前人们往往将明初龙泉窑青瓷与元代龙泉青瓷混为一谈，或笼而统之断为“元末明初”，这也在一个层面上说明了两者的相承关系。从龙泉青瓷博物馆征集到的一批明初龙泉官窑青瓷碎片及其他传世完整器来看，明初龙泉官窑器将刻花与厚釉结合得恰到好处，从而使刻花装饰工艺取得了新的突破，明初龙泉官窑青瓷在烧造工艺上又达到了另一个高峰。

2017 年，我的收藏展“五色祥云——自得堂藏宋元明清单色釉瓷器展”在广东省博物馆举行，参展的藏品要经广东省博物馆聘请的专家来鉴定甄选。五位专家一致选中了这只龙泉窑卧足盏，作用为展品陈展。

2020 年 12 月 11 日，古龙泉窑所在地浙江省龙泉市举办“第三届世界青瓷大会”，组委会邀请我参加“瓷的边界——龙泉陶瓷论坛”并作为演讲嘉宾。组委会主任、论坛主持人金文伟教授给我来电，嘱我一定要参加，并说组委会负责来回机票和食宿。

瓷的边界——龙泉陶瓷论坛

说心里话，食宿机票这些是小事，可以忽略不提。但到等级那么高的“全球青瓷大会”作演讲，那里专家云集，我自觉资格不够。但金教授是我多年的良师益友，我不能不给面子，于是勉为其难答应下来。

我与金教授也是因瓷相识的，金教授是景德镇陶瓷学院美术系陶艺教研室主任，有多件作品荣获国内外陶瓷艺术大奖，是知名的陶艺家。

在大会上，我作了“梅子青青正当时”报告，获得了众多专家的赞扬，他们评价说我是“收藏家里的学术派，学术派里的收藏家”。我一直担心班门弄斧，听到好评如潮，才稍稍放心。当然，我也知道他们的赞扬只是一种鼓励，我的学术水平并没有他们说的那么高。不过，听到专家学者们的当面表扬，心里还是觉得美美的。

冯玮瑜在第三届世界青瓷大会作“梅子青青正当时”报告

作为论坛主持人的金教授忙得团团转，在主持时出现了状况。

论坛刚开始，金教授站在台上，邀请第一位演讲嘉宾万里雅先生上台演讲。万先生有点吃惊，因为按照议程，第一个上台致辞的应该是市委书

第三届世界青瓷大会上冯玮瑜与众多专家合影

畅游瓯江山水诗路，共品千年龙泉青瓷。

记郑建青。万先生迟疑地走到台上，金教授才看到坐在台下的郑书记，这时想起来了，他马上更正说：“对不起，请万先生先回台下，我们首先请市委郑书记给我们致辞。”万先生只好尴尬地回到台下。

待郑书记致辞完毕，金教授为了弥补过失，赶忙说：“现在请万先生上台演讲。”万先生又重新上台去了。

不料万先生刚走到台上，马上有人提醒金教授：按会议议程还要先请专门赶来参加会议的江西景德镇陶瓷文化旅游发展集团公司刘子力董事长讲话。金教授愣了一下，赶忙说：“不好意思，我们还要请刘董事长讲话，烦请万先生先回台下稍等。”万先生只好脸红耳热地又回到台下。

刘子力董事长上台就开玩笑说：“我觉得金教授是不想让我讲话。”

大家哄堂大笑。等到万先生第三度上台，他笑着说："本来我很紧张的，但金教授让我预演彩排了两次，我就不紧张了。"

大家都笑成一堆。文化人的气度就是不一样，遇到窘事还能不失幽默地调侃一番。虽然出了这样的状况，但也没人责怪金教授，都知道他是忙昏头了，可见金教授人缘之好。艺术家嘛，总会有些奇奇怪怪的际遇。

论坛结束后，金教授特意拉住我，让我跟他一起继续后面的活动。他说："你是收藏古瓷器的，我们研究龙泉窑，不但要研究古瓷，还要看看龙泉窑现在的发展状况，才有古今对比的时空观。待会你跟着我去走访当今龙泉窑的大师们。"这正合我意，我目前正在研究古瓷创新，把传统美学融入当代陶瓷艺术里。

金教授性格豪爽，朋友多；又是本地人，对当地的名人大师了如指掌。论坛后的活动他早就安排好了。因为这次来参加论坛的还有上海、广州等地艺术学院研究当代陶瓷艺术的学者、教授等人，他们也要看看当今龙泉窑的发展状况。金教授带着一大堆专家学者，也不参加会议后的晚宴了，二十多个人浩浩荡荡地坐着两辆中巴出发，去走访龙泉窑的老艺人。

金教授带领我们走访了几位名家大师，在中国工艺美术大师徐朝兴的工作室，徐大师热情地接待我们，在青瓷艺术作品中，徐朝兴的跳刀技艺堪称一绝。他说："跳刀要心手合一，稍微的小失误就会造成整件作品残缺，要静下心来，反复练习，只有长期磨炼和钻研，才能掌握这一复杂的青瓷技能。"

徐大师八十多岁了，仍然不停地创作。仍能干练利索地利坯。他为我们示范了一次跳刀表演，然后他伸出手掌给我们看，说："你们看看，我的指纹早就被磨掉了。"因为经常利坯、跳刀，导致手指的指纹被磨掉，其所下的功夫、所吃的苦，尽在这没有指纹的手上。大师不是一日练成的，成功非侥幸，人生没有白走的路，每一步都算数，一步一个脚印，日积月累，才能走向成功。

今人如此，想必古人也当如是。那些留存到今天的古代龙泉窑精品，每一件都浸润着工匠们的心血，我收藏的明初龙泉官窑卧足盏也同样是明初工匠的呕心之作。

玮瑜说瓷

利坯：是制瓷过程中的一道工序，因拉坯而成的器坯，粗厚不平整，必须经过旋削。把器坯放在旋车上，控制着旋车的旋转速度，用刀具旋削器坯，使之内外平整光滑，厚薄适当。

玮瑜说瓷

跳刀：是一种陶瓷装饰技艺，指的是高速旋转的坯体上，手执坯刀，以一定的角度和力量与坯体相切，坯刀因受阻力的作用，产生急促有力的跳动，用剐、刻、拉等技法，使刀头对坯体进行断续而规律的“点”与“线”刻画，形成效果各异的刻花纹饰，打破光素坯体的视觉效果。

从龙泉博物馆藏品，到当代大师艺人工作室的作品，我认认真真地看，认认真真地思考。古代龙泉窑已经湮没，古龙泉窑的作品却仍闪烁着艺术的光芒，划过历史的夜空，留下美丽动人的倩影。当代的龙泉技艺仍在创新发展，生生不息。

八十多岁高龄的国大师仍在孜孜孜不倦地创作，榜样在前，作为晚辈的我当然也要继续努力。我的“瑜窑”系列陶艺作品创作虽然已获得众多群体的喜爱，但仍要快马加鞭，只争朝夕。

中国工艺美术大师徐朝兴（左）与冯玮瑜合影

徐朝兴先生也是国家级“非遗”龙泉青瓷传承人

我本来想在论坛后抽空去看看古代窑址的，接待会务却告诉我：“没有一个专门的古窑遗址保护区，要到当地荒村野地里去找，大概位置是有的，不过是野地荒林，过去不方便，你是参加会议的嘉宾，我们也要负责你的安全，会议期间还是别去了。”

我心里明白，会务这样说无非是怕担责任，不想安排会程以外的活动。龙泉的古窑址当然是有的，从 20 世纪 50 年代至今不断的调查表明，龙泉窑系的窑址数量达 600 余处，构成了一个窑场众多、分布极广的瓷窑体系。其

冯玮瑜在创作中

中以龙泉市窑址最为密集。就目前调查所知，龙泉市境内有窑址360多处，其中又以大窑龙泉窑遗址最为集中，包括今龙泉市小梅镇大窑、金村、高际头、垟岙头和查田镇溪口村辖内的窑址共120多处。

大窑龙泉窑遗址于1988年被国务院公布为全国重点文物保护单位。2017年，龙泉窑国家考古遗址公园建成开放。

记得天民楼葛师科先生多次跟我说过，他在20世纪80年代去考察龙泉古窑址时非常困难，从杭州坐车周折两天才能到，中间要在丽水住一晚。当年这些收藏大家不辞劳累也要到古窑址去看看，可见古窑址对收藏爱好者是有何等的魅力。我这次来龙泉，虽然已有高铁到达，但所谓高铁也是绿皮车的准高铁，也是颇费周折。既然来了，当然也想顺道去考究一番。

我明白组委会的难处，不想给他们添麻烦，也就不坚持了。古窑址一般是文博考古专业人士或收藏爱好者寻访的目标，不是旅游胜景。这次未能亲身寻访龙泉古窑址，探骊得珠，真是遗憾啊。不过，来日方长，我还会再来的。

千年古窑虽然已灰冷烟消，新的窑火却熊熊燃烧，龙泉古城处处透着勃勃生机。

俯仰之间，但见远山如黛，草木笼翠，春色如许，青青一盏，怎不教人眷恋如斯?

跟踪趋势，好资产长期持有更赚钱

顺应趋势，花全部的时间研究市场的正确趋势，

如果保持一致，利润就会滚滚而来！

著名股票投资大师　威廉·江恩

龙泉窑是中国历史上的名窑，盛极于南宋晚期，元代窑火不灭，在明初还曾一度成为与景德镇窑并列的为皇家烧造御瓷的窑口。

1998年，流失在英国的宋代龙泉窑青釉莲瓣纹瓶被我国依法追回，这是从国家层面对流失海外珍贵文物的重视。而我也亲眼见证了一只龙泉“飞青瓷”蒜头瓶在短短4年时间内，价格增长了800多万元。

中国古瓷器的升值是有逻辑的：一是我国经济飞速发展和人民的富足；二是悠久历史和文化底蕴为文物赋能。

不论是上涨还是下跌，运行趋势一旦形成，就会持续一段时间，时间长短无法预测，但趋势运行规律一定是顺着市场阻力最小的方向前进。

我们做投资的时候，判断某类资产是否该入手，最直观的方法就是观察趋势，也就是从一个大周期来判断事物发展的方向。趋势主要有上升趋势和下降趋势，但跟随趋势可没听上去这么简单。拉长时间线，我们很容易看清

趋势，但在长达几个月甚至几年的不确定性中，我们有没有勇气持仓不动呢？特别是趋势反转期间，买还是卖，特别考验我们的决策能力。

股市是经济的晴雨表。巴菲特曾说过："买指数基金就是买国运。只要国家继续发展，指数基金就能长期上涨，我们就能分享国家经济增长的收益。"2007年，巴菲特发起了一个著名的赌局：由对冲基金的基金经理挑选主动基金组合，巴菲特挑选标准普尔500指数基金，双方互赌看未来10年哪个收益更高。2016年年底，标准普尔500指数基金年复合收益率为7.1%，而同期基金经理挑选的基金组合收益率只有2.2%。2008年可是全球金融危机，但因为美国经济仍旧保持增长，所以股市才能顺势而涨。

享誉全球的趋势跟踪大师迈克尔·W.卡沃尔曾提出趋势交易者三大经典法则。

> 第一条法则：如果你对市场的走势判断失误，请承认错误，然后卖掉股票。
>
> 如果市场趋势没有按照你的预期发展，你应该容忍少量的亏损，保护本金很重要。
>
> 第二条法则：股市上涨时，你可以从中盈利；股市下跌时，你同样能做到这一点。
>
> 不仅适用于股市，也可以运用在货币市场、商品市场、债券市场、黄金市场和石油市场等凡是我们能想到的地方。
>
> 第三条法则：你完全不必理会交易在哪个市场中发生，趋势交易者在乎的是市场的价格趋势。

把自己想象成某艘游轮上的普通乘客，只要你已经上船，就不要在意船是怎么到达目的地的。

我们不必在意短期内的得失，只要抓住大趋势，跟随经济大周期，坚定持有优质资产，除非大趋势发生根本性逆转，不要轻易出售。终生投资，实现资产增值最大化。

后　记

时间的玫瑰

冯玮瑜

《时间的玫瑰》是“冯玮瑜亲历收藏系列”丛书的第三本，这本书其实早已准备多时，但由于种种原因，直到现在才付梓。在此，首先向一直追问我何时出新书的读者们致歉！

新书准备过程持续了一年多，内容也陆续做了一些新的补充。第三本书能够付梓，负责本书执行策划的桂林老师功不可没，感谢桂林老师！

初识桂林老师，是经一个朋友介绍的，朋友说深圳市中资海派文化传播有限公司的财经类图书做得相当不错，业内名气很大，老板叫桂林。你们一个是作家，一个是搞出版的，都是文化人，也许能聊得来。

一个阳光灿烂的下午，我跟桂林老师在深圳见了面。桂林老师竹清松瘦，说话干脆利落，处事果断，浑身上下都透着深圳特区奋斗者的干练。我们聊得很愉快，大家同样沐浴在大湾区的阳光雨露下，感受同样的区位文化，同龄人之间的思想总是容易引起共鸣。

回到广州，我把《你所不知道的中国收藏》文稿发给了桂总。几天以后，桂总打来电话说，她一直有一个文学的梦想，但现在从事财经类书籍的出版，自己的文学梦也总归是梦，是夜深人静的心底向往。我的文章，触动了她心底那个文学梦，不过，她现在依旧没有时间专注做文学。对于我的亲历收藏故事和文笔，桂总非常赞赏，文章中既有历史、文学，又有收藏、财经，是一本跨学界的书，虽然中资海派以出版经济管理类书籍为主，不过还是很希望能让中资海派来出版发行本书，而且有信心做好它，成为畅销书。

桂总亲自来广州同我商谈，接着，我也去深圳进行了沟通，双方谈得相当合契，后来，就有了“冯玮瑜亲历收藏系列丛书”的面世。《你所不知道的中国收藏》和《藏富密码》相继出版后，我的第三本书《时间的玫瑰》也紧锣密鼓地开始推进，但因种种缘故推延至今，桂总所费的工夫就更多了。

在此还要感谢为本书撰写序言的江建新老师！

江建新老师是景德镇市陶瓷考古研究所所长，中国古陶瓷考古研究的资深专家，特别是对御窑瓷器的考古研究，他可是国内外知名的学术权威。由于我的主要收藏为明清御窑瓷器，很多藏品需要从考古所找到对应标本，两方对比做研究。所以我每年都多次到考古所上手其收藏的标本，江所长总会提供许多便利，有时还会详细告诉我当时考古发掘的情形、标本特点，以及他的研究心得。

近年来，景德镇御窑厂遗址出土的瓷器名声越来越响，影响力越来越大，这都跟江建新所长大力推动御窑厂遗址出土瓷器标本走出去的举措有关。除了每年和故宫一起举办传世与出土的对比展外，他还经常在国外、中国香港和澳门地区，以及国内多个城市举办景德镇御窑厂出土瓷器展览，使越来越多的学者和收藏家认识到景德镇御窑厂出土瓷器的唯一性和重要性。同时，江所长还不断对出土器物进行分析研究，常有新书出版发行。每一次展览、每一次新书发行，江老师总会留一套展览图录、一本新书给我，让我受益良多。

同时还要感谢为本书作序的费勇老师！

费勇老师是著名学者、作家。当日正当盛年之际，急流勇退，毅然辞任广州电视台副台长，然后受聘暨南大学，担任生活方式研究院联席院长，以教书育人、研究学术为乐，可见其为人豁达，志存高远。

费老师研究佛学和老庄之道，钻研极深，著作等身，每次新书发行，都成为畅销书，一时洛阳纸贵。我被暨南大学聘为客座研究员，对于古典艺术与当代生活方式的融合是研究的课题，所以时常麻烦费老师，他总是古道热肠，诚心帮助，指导学术，令人感动。

这些年来，我在收藏过程中亲身经历过无数事，见识过无数人，本书所讲述的仅是其中之一二，希望我的亲历故事，能让大家感受到阅读的快乐，获得有益的借鉴。收藏如同醇酒，越陈越香。在股市、汇市、油市、房市起伏不定之际，艺术品市场却一枝独秀，成交价屡创新高，继续谱写着财富传奇。

收藏理财不是神话，而是发生在我们身边的故事。

最后，感谢中资海派团队为本书付梓所付出的努力！

海派阅读
GRAND CHINA
×
READING
YOUR LIFE

人与知识的美好链接

20 年来，中资海派陪伴数百万读者在阅读中收获更好的事业、更多的财富、更美满的生活和更和谐的人际关系，拓展读者的视界，见证读者的成长和进步。

现在，我们可以通过电子书（微信读书、掌阅、今日头条、得到、当当云阅读、Kindle 等平台）、有声书（喜马拉雅等平台）、视频解读和线上线下读书会等更多方式，满足不同场景的读者体验。

微信搜一搜

海派读书会

关注微信公众号“**海派阅读**”，随时了解更多更全的图书及活动资讯，获取更多优惠惊喜。读者们还可以把阅读需求和建议告诉我们，认识更多志同道合的书友。让派酱陪伴读者们一起成长。

也可以通过以下方式与我们取得联系：

采购热线：18926056206 / 18926056062

服务热线：0755-25970306

投稿请至：szmiss@126.com

新浪微博：中资海派图书

更 多 精 彩 请 访 问 中 资 海 派 官 网 www.hpbook.com.cn